Advent

Themenheft Gedächtnistraining mit Senioren

Sabine Kelkel

Ganzheitliches Übungsmaterial mit Kopiervorlagen

Verlag an der Ruhr

Impressum

Titel
Themenheft Gedächtnistraining mit Senioren
Advent
Ganzheitliches Übungsmaterial mit Kopiervorlagen

Autorin
Sabine Kelkel

Umschlagmotive
Senioren und Schneekristalle © ankomando, Gedankenblasen © Gooseman,
Icons in Gedankenblasen © Patrick Meider – alle Fotolia.com

Satz und Layout
Q. Gute Grafik, Köln

Druck
Athesia Druck GmbH, Bozen, IT

Verlag an der Ruhr
Mülheim an der Ruhr
www.verlagruhr.de

Unser Beitrag zum Umweltschutz:
Wir sind seit 2008 ein ÖKOPROFIT®-Betrieb und setzen uns damit aktiv für den Umweltschutz ein. Das ÖKOPROFIT®-Projekt unterstützt Betriebe dabei, die Umwelt durch nachhaltiges Wirtschaften zu entlasten. Unsere Produkte sind grundsätzlich auf chlorfrei gebleichtes und nach Umweltschutzstandards zertifiziertes Papier gedruckt.

ISBN 978-3-8346-4130-4

Inhalt

Vorwort ... 4

Aufbau des Trainingsmaterials ... 5

1. Adventswoche ... 9

Verdrehte Weihnachtslieder ... 10

Adventskalender ... 11

Abc-Wortspiel ... 14

Denken und Bewegen ... 16

Suchaufgabe ... 17

Sinnesübung ... 20

Vorlesetext: Aus Rauhreif ... 22

2. Adventswoche ... 23

Gegenteil gesucht ... 24

Was passt zusammen? ... 25

Liedanfänge gesucht ... 30

Lied mit Bewegung ... 32

Gedicht mit Lücken ... 33

Reimen mit Fantasie ... 36

3. Adventswoche ... 37

Themenwörter – Weihnachtszeit ... 38

Rätselhafte Gebäcksorten und Süßigkeiten ... 39

Rebus-Rätsel ... 42

Bewegungsgeschichte: Der Weihnachtsputz ... 45

Würfelspiel ... 47

Lied: „Süßer die Glocken nie klingen“ ... 50

4. Adventswoche ... 51

Wortkette ... 52

Wortbruchstücke „Engel“ ... 53

Richtig oder falsch? ... 57

Bewegungsgeschichte: Die Wichtelmänner ... 59

Geheimnisvolle Geschenke ... 61

Vorlesetext: Weihnachtslied ... 64

Vorwort

Im Zeichen des demografischen Wandels nimmt die geistige Aktivierung von Senioren, gerade in Alteneinrichtungen, eine immer größer werdende Rolle ein.

Auch im Alter bleibt der Mensch noch lernfähig und wer mit geistigen Defiziten zu kämpfen hat, kann dem durch gezieltes Training – das belegen auch neueste Forschungsergebnisse – entgegenwirken. Ein ganzheitliches Gedächtnistraining, das möglichst viele Funktionen des Gehirns anspricht, hat eine positive Wirkung auf die geistige Aktivität: Neue Netzwerke und Verzweigungen werden gebildet und die Denkkapazität wird angekurbelt. Geistige Defizite bei älteren, gesunden Menschen, wie beispielsweise Wortfindungsschwierigkeiten, Merkschwäche oder mangelnde Konzentration, sind demnach häufig auf mangelndes Training zurückzuführen. Bei Menschen mit demenzieller Veränderung, die sich also krankheitsbedingt mit geistigen Defiziten konfrontiert sehen, gilt es, die noch vorhandenen Ressourcen zu stabilisieren und so lange wie möglich zu erhalten.

Der geistigen Aktivierung von Senioren in Alteneinrichtungen jedoch gerecht zu werden, stellt das Pflegepersonal, Betreuer und Ehrenamtliche vor eine große Herausforderung. Menschen mit Demenz sowie ungeübte Teilnehmer, die erste Erfahrungen mit Gedächtnistraining machen, als auch geübte Teilnehmer, die bereits regelmäßig ihr Gedächtnis trainieren, finden sich als Gruppe zusammen und sollen angesprochen werden. Die Teilnehmer sollen gefordert, aber nicht überfordert werden. Die Übungen sollen Merkfähigkeit und Konzentration trainieren – und gleichzeitig auch noch Spaß machen. Um der geistigen Aktivierung aller Teilnehmer gerecht zu werden, spielt die Auswahl geeigneter Übungen eine wesentliche Rolle. Für den zusätzlichen Motivationsfaktor sorgt die richtige Themenauswahl: Jedes Fest hat seinen ganz eigenen Zauber und mit jedem verbinden die Senioren persönliche Erlebnisse, Rituale und Stimmungen. Mit diesem Themenheft bieten Sie nicht nur ein ganzheitliches Gedächtnistraining an, sondern stellen darüber hinaus auch noch einen persönlichen Bezug für die Senioren her.

Die Übungen bzw. die Materialien, die Sie hier vorfinden, sollen Ihnen künftig die Gestaltung Ihrer ganzheitlichen Gedächtnistrainingsstunden erleichtern sowie Ihren Zeitaufwand für die Vorbereitung verkürzen. Selbstverständlich kann dieses Trainingsmaterial auch für den privaten Bereich genutzt werden. Angehörige können die Übungen in die tägliche Pflege einbinden, z. B. während des Ankleidens, oder „freie" Zeitfenster dafür nutzen, wie beispielsweise vor dem Kaffeetrinken.

Aufbau des Trainingsmaterials

Jedes Stundenkonzept enthält Übungen und Anregungen für die geistige Aktivierung …

Teilnehmer mit leichter/beginnender Demenz

ungeübte Teilnehmer

geübte Teilnehmer

- von Menschen **mit leichter/beginnender Demenz,** methodisch variiert auch für Menschen mit mittlerer Demenz.
  Übungen für diese Zielgruppe sind **pink** gekennzeichnet.
- für **ungeübte Teilnehmer** (TN), die nicht „trainiert" sind.
  Übungen für diese Zielgruppe sind **blau** gekennzeichnet.
- für **geübte TN,** die regelmäßig Gedächtnistraining machen.
  Übungen für diese Zielgruppe sind **grün** gekennzeichnet.

Sie finden in diesem Trainingsheft zu den vier Adventswochen passende Themenstunden, die Sie und Ihre TN durch die Adventszeit begleiten.

trainiert besonders

Zu Beginn eines jeden Themas finden Sie einen **Ablaufplan.** Er gibt Ihnen zunächst einmal eine Übersicht über die **Übungstypen sowie die damit verbundenen Trainingsziele** (im Ablaufplan „Übungstyp – trainiert besonders").

Die Zusammensetzung unterschiedlicher Übungen mit jeweils anderen Trainingszielen bietet Ihnen und den TN nicht nur eine **abwechslungsreiche Stundengestaltung,** es werden auch innerhalb einer Stunde möglichst viele Funktionen des Gehirns angesprochen.

Zu jedem **Übungstyp** und den damit verbundenen Trainingszielen ist eine entsprechende Übung aufgeführt, die sowohl für demenziell veränderte Menschen, für ungeübte als auch geübte TN geeignet ist.

Damit Sie sofort und schnell erkennen, wie die jeweilige Übung einzusetzen ist, erhalten Sie eine genaue Beschreibung zur Durchführung und welche Trainingsziele damit erreicht werden. Zu einigen Übungen gibt es zusätzliche Hinweise oder Vorgaben mit möglichen **Varianten** oder **Gesprächseinheiten.**

Die **Gesprächseinheiten** verfolgen das Ziel, die TN zum Formulieren von Sätzen anzuregen, die Kommunikation untereinander zu fördern und biografisches Arbeiten mit Gedächtnistraining zu verbinden. Da die Gesprächsimpulse zum Nachdenken anregen, bieten sie ein gutes Training für das Langzeitgedächtnis.

Kopiervorlage

An die Beschreibung der Übung schließt sich direkt das **dazugehörende Arbeitsblatt** (→ Kopiervorlage) für die TN sowie ggf. das **Lösungsblatt** an.

Die Übungen sind unterschiedlich schwer. Innerhalb einer Stunde sollen sich schwere und leichte Aufgaben abwechseln. Damit Sie die Übungen sofort zuordnen können, ist sowohl auf dem Ablaufplan als auch bei den Übungen selbst farblich gekennzeichnet, für welche Zielgruppe sich diese jeweils eignen.

Aufbau des Trainingsmaterials

Bitte berücksichtigen Sie jedoch, dass Sie die Übungen evtl. nach eigenen Kriterien für Ihre Gruppe anpassen müssen! Eigene Ideen können selbstverständlich immer mit eingebaut werden.

Bei Menschen mit Demenz empfiehlt es sich, die Übungen an einem **Flipchart** oder einer **Tafel** durchzuführen. Zum einen wird für sie so sichtbar, was sie noch alles wissen, zum anderen stärkt es das Gruppengefühl.

Erfahrungsgemäß wollen geübte TN gefordert werden und selbstständig Lösungen finden. Auch ungeübte TN sollen gefordert, jedoch nicht überfordert werden. Durch das Arbeiten mit einer entsprechenden Kopiervorlage wird dies ermöglicht.

Übungen, wie z. B. **Spiele, Wort- oder Bildkarten,** können zum Schutz laminiert und somit immer wieder eingesetzt werden. Dies erfordert zwar zusätzlichen Zeitaufwand von Ihnen, der jedoch hoffentlich durch die weiterführenden Übungsvorschläge gern in Kauf genommen wird.

Auf eine **Zeitvorgabe** für die einzelnen Übungen wurde bewusst verzichtet, da jede Gruppe unterschiedlich arbeitet und verschiedene Vorlieben hat.

Gelingt es Ihnen, Ihre TN zu einem aktiven Gespräch zu führen, sollte die Gesprächseinheit immer Vorrang haben.

Passend zu jeder Themenstunde, können Sie entsprechendes **Dekorationsmaterial** mitbringen und mit dessen Hilfe das Thema erraten lassen.

Rahmenbedingungen für ein erfolgreiches Gedächtnistraining

Insbesondere bei der Arbeit mit demenziell veränderten Menschen sollten Sie folgende Aspekte unbedingt berücksichtigen:

- Versuchen Sie, das Training möglichst alltagsnah auf die Gruppe zuzuschneiden.
- Je spielerischer Sie trainieren, desto eher können Sie einen Erfolg verzeichnen.
- Achten Sie auf gleiche Rituale. Sie bieten Menschen mit Demenz ein Stück Sicherheit und Geborgenheit.
- Arbeiten Sie möglichst oft mit realen Gegenständen. Je weiter die Demenz fortgeschritten ist, desto konkreter muss das Übungsmaterial werden, da die Fähigkeit zum abstrakten Denken abnimmt.
- Beziehen Sie möglichst alle Sinne mit ein.
- Achten Sie auf eine große Schrift.
- Bauen Sie so oft wie möglich motorische Elemente ein.
- Nutzen Sie den Einsatz von Musik.
- Ermöglichen Sie Erfolgserlebnisse.
- Korrigieren Sie nicht die Antworten der TN. **Alle Antworten sind richtig!**

Aufbau des Trainingsmaterials

- Wenn ein Thema verfehlt wird, hat dies meist mit Wortfindungsstörungen der TN zu tun. Formulieren Sie noch einmal die Kernaussage positiv. „Legen Sie die Lösung in den Mund"!

Geistige Aktivierung bei demenziell veränderten Menschen bedeutet:

- Aktivierung des Langzeitgedächtnisses und Konzentrationstraining
- Sinneswahrnehmungen optimieren
- biografische Elemente einbeziehen
- soziale Kontakte fördern
- Kompetenzen stärken und Ressourcen mobilisieren
- das Selbstwertgefühl steigern („Das kann ich noch")
- Alltagsfertigkeiten trainieren sowie Orientierungshilfen geben

Je mehr Vertrauen dem Gruppenleiter (GL) entgegengebracht wird, desto mehr kann man gemeinsam erreichen. Die geistige Aktivierung soll allen TN Spaß machen und sollte grundsätzlich freiwillig sein!
Die Übungen müssen der jeweiligen Zielgruppe und deren Leistungsfähigkeit sowie deren Tagesform angepasst werden!

Die verschiedenen Übungstypen

Im ganzheitlichen Gedächtnistraining werden alle Hirnleistungen trainiert. Dazu zählen folgende Bereiche:

Wahrnehmen

Die Wahrnehmung bezieht all unsere Sinne mit ein. Bei diesen Übungen geht es darum, etwas bewusst mit einem, mehreren oder allen Sinnen aufzunehmen.

Wortfindung/Wortschatz

Die Übungen dienen dazu, Wörter aus unserem Wortspeicher abzurufen und sich den eigenen Wortschatz bewusst zu machen.

Formulieren

Die TN werden dazu angehalten, einen Gedanken oder Sachverhalt durch eine bewusst gewählte Zusammenstellung von Wörtern in sprachlich richtiger Form auszudrücken.

Konzentration

Übungen für die Konzentration sollen die Fähigkeit entwickeln, die ungeteilte Aufmerksamkeit für einen bestimmten Zeitraum auf eine Sache zu lenken.
Konzentration setzt Aufmerksamkeit voraus. Wer nicht aufmerksam ist, kann sich nicht konzentrieren. Die Konzentration ist von Mensch zu Mensch verschieden und u. a. abhängig von Interesse, Motivation, der körperlichen sowie geistigen Gesundheit und der jeweiligen Tagesform. Lässt unsere Konzentration nach, verlieren wir den Faden und müssen von vorn beginnen.

Aufbau des Trainingsmaterials

Assoziatives Denken

Gedankenverbindungen zu vorgegebenen Begriffen oder Themen werden hergestellt, neue Informationen mit bereits gespeicherten verknüpft.

Bewegung

Die Bewegungsübungen dienen dazu, die Gehirndurchblutung zu fördern sowie die Aufmerksamkeit zu wecken. Sie sind meist gekoppelt mit weiteren Trainingszielen, wie Koordination oder flexiblem Denken.

Und soweit es noch möglich ist:

Flexibles Denken

Denkflexibilität bezieht sich auf die geistige Beweglichkeit bzw. die Fähigkeit, schnell auf wechselnde Situationen zu reagieren. Eingefahrene Denkmuster sollen verlassen werden, um neue Möglichkeiten zu erproben. Geistige Beweglichkeit bewirkt Flexibilität im Denken und Handeln.

Merken und Erinnern

Übungen für die Merkfähigkeit dienen dazu, Informationen und Wahrnehmungen kurz- und langfristig zu speichern und wieder abzurufen, zu erinnern.
Unsere Merkfähigkeit gehört zu den kognitiven Fähigkeiten und ist u. a. von Stimmung, Interesse und Konzentration abhängig.
Ein gezieltes Training des Arbeitsgedächtnisses (Kurzzeitgedächtnis) bewirkt, dass wir mehr Informationen aufnehmen, abspeichern und wieder abrufen können.

Nachdenken/Überlegen

Je nach Übungstyp werden unterschiedliche Trainingsziele verfolgt, z. B. assoziatives und logisches Denken, Wortfindung, Urteilsfähigkeit, Denkflexibilität, Langzeitgedächtnis.

Fantasie/Kreativität

Übungen für Fantasie und Kreativität regen dazu an, gewohnte Denkbahnen zu verlassen, um neue Ideen zu entwickeln oder neue Lösungen mit kreativen/schöpferischen Einfällen zu finden. Dabei wird das bildhafte Vorstellungsvermögen genutzt und trainiert.

Urteilsfähigkeit

Die TN werden dazu angehalten, sich eine eigene Meinung über Sachverhalte, Ereignisse etc. zu bilden. Nach Abwägen aller bekannten Fakten wird eine Entscheidung getroffen. Dabei sollen und dürfen bei Gruppenarbeiten zu diesem Trainingsziel durchaus unterschiedliche Meinungen bzw. der eigene Standpunkt vertreten werden.

Benutzte Abkürzungen

Teilnehmer .... TN
Gruppenleiter/-in .... GL
Arbeitsblatt für TN .... AB
Kopiervorlage für GL .... KV
Wortfindung/Wortschatz .... WF
flexibles Denken .... FD
Urteilsfähigkeit .... UF
assoziatives Denken .... Assoziieren
Langzeitgedächtnis ..... LZG
Kurzzeitgedächtnis ..... KZG

1. Adventswoche

trainiert besonders

- assoziatives Denken • flexibles Denken
- Wortfindung/Wortschatz • Urteilsfähigkeit
- Wahrnehmen • Konzentration • Langzeitgedächtnis

Übungstyp trainiert besonders	**Übungen**	**Medien**	**Zielgruppen**
Einstieg in die Stunde WF, Assoziieren, LZG	**Verdrehte Weihnachtslieder**	**keine**	
Nachdenken/Überlegen UF, FD, LZG	**Adventskalender**	**AB**	
Wortfindung/Wortschatz WF, LZG	**Abc-Wortspiel**	**Flipchart oder Tafel KV**	
Bewegung WF, Konzentration, LZG	**Denken und Bewegen**	**Flipchart oder Tafel Ball**	
Wahrnehmen, Konzentration Wahrnehmung, Konzentration	**Suchaufgabe**	**AB**	
Wahrnehmen, Konzentration Wahrnehmung, Konzentration, UF, LZG	**Sinnesübung**	**Tastsäckchen mit unterschiedlichen Gegenständen, pro TN ein Blatt Papier und ein Stift**	
Abschluss der Stunde Konzentration	**Vorlesen: „Aus Rauhreif"**	**KV**	

Übung: Verdrehte Weihnachtslieder

trainiert besonders

- Wortfindung
- assoziatives Denken
- Langzeitgedächtnis

Durchführung

Bei dieser mündlichen Übung wurden in allgemein bekannte Weihnachtsliedtitel und Liedzeilen ein oder mehrere falsche Wörter eingebaut. Der GL liest den verdrehten Text vor und die TN nennen den richtigen Wortlaut.

Beispiele

Verdreht	Richtig
1. Jeden Winter wieder	**Alle Jahre** wieder
2. Lasst uns lustig und rege sein	Lasst uns **froh** und **munter** sein
3. Sing, Flöckchen, singelingeling	**Kling, Glöckchen, klingelingeling**
4. Heute kommt der Nikolaus	**Morgen** kommt der **Weihnachtsmann**
5. Ruhige Nacht, gesegnete Nacht	**Stille** Nacht, **heilige** Nacht
6. Jesu, lieber Jesu mein	**Josef,** lieber **Josef** mein
7. Vom Firmament herab, o Engel, fliegt	Vom **Himmel hoch,** o Engel, **kommt**
8. Zu Jerusalem geboren	Zu **Bethlehem** geboren
9. Schneeglöckchen, Weißflöckchen	**Schneeflöckchen, Weißröckchen**
10. Eilet, ihr Hirten	**Kommet,** ihr Hirten
11. Heute, Kinder, wird's was geben	**Morgen,** Kinder, wird's was geben
12. Lauter die Glocken nie singen	**Süßer** die Glocken nie **klingen**
13. Es ist ein Blümelein gewachsen	Es ist ein **Ros entsprungen**
14. Vom Himmel weit, da flieg ich her	Vom Himmel **hoch,** da **komm** ich her
15. Leise ruht der See	Leise **rieselt** der **Schnee**

Übung: Adventskalender

trainiert besonders

- Urteilsfähigkeit
- flexibles Denken
- Langzeitgedächtnis

Durchführung

Die Übung kann als Einzel- oder Partnerarbeit durchgeführt werden. Die TN erhalten ein Arbeitsblatt → Kopiervorlage, das nach vorgegebener Anleitung zu bearbeiten ist. Die TN sollen anhand der Umschreibungen herausfinden, welche Kalenderzahl zu den einzelnen Türchen gesucht ist.

Hinweis
Inwiefern die Übung mit Menschen mit Demenz durchgeführt werden kann, hängt davon ab, wie weit die Erkrankung bereits fortgeschritten ist. Es empfiehlt sich, die Übung als Gruppenarbeit durchzuführen und ggf. Hilfestellungen zu geben.

Variante

Der GL kopiert das Lösungsblatt und schneidet die einzelnen „Türchen" aus. Damit die Türchen wiedereingesetzt werden können, kann es sinnvoll sein, sie zu laminieren. Anschließend werden die Türchen an die TN verteilt. Diese legen gemeinsam den Kalender in der richtigen Reihenfolge auf dem Tisch aus. Hierzu liest der TN, der das erste Türchen erhalten hat, die Umschreibung mit der passenden Antwort vor und legt es, für alle sichtbar, in die Tischmitte. Danach ist der TN an der Reihe, der das zweite Türchen gezogen hat usw.

Anschluss: Gesprächsrunde

Der GL schließt die Übung mit einer kleinen Erzählrunde ab. Er regt mit Fragen zum Gespräch an, wie z. B.:

- Hatten Sie einen Adventskalender? Wie sah er aus?
- Welche Leckereien haben Sie im Adventskalender Ihrer Kinder versteckt?
- Haben Sie schon mal ein Haus gesehen, das wie ein Adventskalender geschmückt war?
- Auf welche Traditionen haben Sie und Ihre Familie in der Weihnachtszeit immer Wert gelegt?
- Wurde der Nikolausabend bei Ihnen gefeiert?
- Was verbinden Sie gedanklich mit Weihnachten?

Adventskalender

Welches Türchen verbirgt sich hinter den Umschreibungen?

Karneval ist die ...te Jahreszeit. 5	Das „K“ ist der ... Buchstabe im Alphabet.	Das Wort CHRISTKINDL-MARKT besteht aus ... Buchstaben.	Für diesen Platz erhalten Sie die Bronzemedaille.
Wenn ... sich streiten, freut sich der Dritte.	„Twenty“ bedeutet ...	Gib ... im Straßenverkehr!	Es sind noch fünf Tage bis Heiligabend.
Die ... Apostel.	Das Kölner Dreigestirn mal drei.	Am 31.12. ist es 16 Tage her, seitdem dieses Türchen geöffnet wurde.	... auf einen Streich.
Volljährig ist man in Deutschland mit ... Jahren.	In der Schweiz ist diese Zahl die schlechteste Schulnote.	Das bekannte Kartenspiel „... und ...“ ergibt die gesuchte Zahl.	Jetzt schlägt’s ...!
Die katholische Kirche kennt die ... Nothelfer.	So viele Stunden hat der Tag.	Mit ... hat man noch Träume.	In neun Tagen ist Neujahr.
So viele Seiten hat ein Würfel.	Die Quersumme dieser Schnapszahl lautet vier.	Die römische Zahl „X“ steht für die	Auf einem Schachbrett stehen ... Springer.

 © Verlag an der Ruhr | Autorin: Sabine Kelkel | ISBN 978-3-8346-4130-4 | www.verlagruhr.de

Adventskalender

Welches Türchen verbirgt sich hinter den Umschreibungen?

Karneval ist die ...te Jahreszeit. **5**	Das „K“ ist der ... Buchstabe im Alphabet. **11**	Das Wort CHRISTKINDL-MARKT besteht aus ... Buchstaben. **16**	Für diesen Platz erhalten Sie die Bronzemedaille. **3**
Wenn ... sich streiten, freut sich der Dritte. **2**	„Twenty“ bedeutet ... **20**	Gib ... im Straßenverkehr! **8**	Es sind noch fünf Tage bis Heiligabend. **19**
Die ... Apostel. **12**	Das Kölner Dreigestirn mal drei. **9**	Am 31.12. ist es 16 Tage her, seitdem dieses Türchen geöffnet wurde. **15**	... auf einen Streich. **7**
Volljährig ist man in Deutschland mit ... Jahren. **18**	In der Schweiz ist diese Zahl die schlechteste Schulnote. **1**	Das bekannte Kartenspiel „... und ...“ ergibt die gesuchte Zahl. (17 + 4) **21**	Jetzt schlägt's ...! **13**
Die katholische Kirche kennt die ... Nothelfer. **14**	So viele Stunden hat der Tag. **24**	Mit ... hat man noch Träume. **17**	In neun Tagen ist Neujahr. **23**
So viele Seiten hat ein Würfel. **6**	Die Quersumme dieser Schnapszahl lautet vier. **22**	Die römische Zahl „X“ steht für die **10**	Auf einem Schachbrett stehen ... Springer. **4**

Übung: Abc-Wortspiel

trainiert besonders

- Wortfindung
- Langzeitgedächtnis

Durchführung

Bei dieser mündlichen Abc-Übung nennen die TN zu den jeweiligen Buchstaben des Alphabets Begriffe, die sie gedanklich mit dem **Thema Advent und Weihnachten** assoziieren → Kopiervorlage GL.

Bei ungeübten und geübten TN kann die Übung reihum durchgeführt werden, bei demenziell veränderten TN im Plenum. Die Antworten werden an einem **Flipchart** oder an einer **Tafel** mitgeschrieben. So wird die Leistung für die TN „sichtbar".

Variante

Schreiben Sie die Buchstaben des Wortes **„NIKOLAUS"** von oben nach unten an ein **Flipchart** oder an eine **Tafel.** Lassen Sie rechts neben den Buchstaben ein wenig Platz frei und schreiben dann das Wort „Nikolaus" von unten nach oben an. Für den Zwischenraum des Anfangs- und Endbuchstabens, der sich automatisch daraus ergibt, suchen die TN passende Wörter.

Beispiel

N	______________	**S**	**(Nuss, Nachbarhaus ...)**
I	______________	**U**	**(Ilmenau, Iglu ...)**
K	______________	**A**	**(Koala, Kordula ...)**
O	______________	**L**	**(Onkel, Opal ...)**
L	______________	**O**	**(Limo, Lasso ...)**
A	______________	**K**	**(Anorak, Ammoniak ...)**
U	______________	**I**	**(Uli, Uni ...)**
S	______________	**N**	**(Saturn, Stachelschwein ...)**

Anschluss: Gesprächsrunde

Der GL schließt die Übung mit einer kleinen Erzählrunde ab. Er regt mit Fragen zum Gespräch an, wie z. B.:

- Für wen ist der heilige Nikolaus Schutzpatron? (Seefahrer, Bäcker, Kinder ...)
- Wie haben Sie den Nikolausabend gefeiert?
- Welche Schutzheilige hat am 4. Dezember Namenstag? (heilige Barbara)
- Stellen Sie am Barbaratag Kirschzweige in einer Vase auf?

Abc-Wortspiel

Eigene Ideen:

A Advent ★ Adventkranz ★ Ankunft

B Bratapfel ★ Bethlehem ★ Bescherung ★ Baumkuchen ★ Botschaft

C Christstollen ★ Christmette ★ Chormusik ★ Christkindlmarkt

D Datteln ★ Dominosteine ★ Dresdner Stollen ★ Dekoration

E Erwartung ★ Einkaufsbummel ★ Esel ★ Engel

F Freude ★ Fest ★ Feiertage ★ Feige

G Geheimnisse ★ Geschenk ★ Gedicht ★ Gebäck ★ Glühwein

H Honigkuchen ★ Heimlichkeiten ★ Hoffnung ★ Hirte ★ Heiligabend

I Ilex ★ Ingwer-Tee

J Jesus ★ Josef

K Krippe ★ Kerze ★ Könige ★ Kirchgang

L Lebkuchen ★ Lametta ★ Lichterkette

M Marzipan ★ Mandelkerne ★ Maronen ★ Maria ★ Mette ★ Mistelzweige

N Nikolaus ★ Nüsse ★ Nussknacker

O Oblaten ★ Orangeat ★ Orgelspiel

P Piment ★ Pfeffernüsse ★ Printen ★ Punsch

Q Quarkstollen

R Ruprecht ★ Räuchermännchen ★ Rosinenstollen ★ Ruhe

S Striezelmarkt ★ Sterne ★ Schnee ★ Sternsinger ★ Schafe

T Tannenbaum ★ Tee

U Ungeduld ★ Überraschungen ★ unerwarteter Besuch

V Vorfreude ★ Vanillekipferl ★ Vorbereitungen

W Weihnachten ★ Winterabend ★ Weihnachtsstern ★ Wunschzettel ★ Weihnachtspost

X Xylofon

Y Ybbser Stangerln

Z Zimtsterne ★ Zitronat ★ Zimtwaffeln

Übung: Denken und Bewegen

trainiert besonders

- Wortfindung
- Konzentration
- Langzeitgedächtnis

Durchführung

Für dieses Bewegungsspiel benötigen Sie einen Ball. Die TN stehen oder sitzen im Kreis. Der GL schreibt die Liedzeilen des Liedes „Lasst uns froh und munter sein" an ein **Flipchart** oder eine **Tafel.** Ggf. kann das Lied auch zuerst einmal mit der Gruppe gesungen werden. Anschließend werfen sich die TN gegenseitig den Ball zu, wobei jeder TN jeweils nur ein Wort oder eine Silbe des Textes nennt bzw. singt. Bei einsilbigen Wörtern sagt oder singt der entsprechende TN das ganze Wort (z. B. „Lasst"). Hat ein Wort mehrere Silben, wird von jedem TN, der an der Reihe ist, eine Silbe genannt (z. B. sagt der erste TN „mun-", der zweite TN ergänzt „-ter"). Danach wird der Ball dem nächsten TN zugeworfen, der dem Lied wieder ein Wort oder eine Silbe hinzufügt.

Varianten

1. Die TN sitzen oder stehen im Kreis. Der Ball wird an jeden zweiten TN weitergeworfen und dieser nennt die passenden Wörter oder Silben des Liedtextes. Dabei muss auf eine ungerade TN-Zahl geachtet werden, damit jeder an die Reihe kommt.

2. Die TN werfen sich gegenseitig den Ball zu und buchstabieren gemeinsam ein Wort, das der GL zuvor vorgegeben hat. Jeder TN nennt einen passenden Buchstaben in der richtigen Reihenfolge des Wortes. Je nach Leistungsfähigkeit der TN können nach ein paar Runden die Wörter auch rückwärts buchstabiert werden.

Hinweis
Wenn die TN an einem Tisch oder im Stuhlkreis sitzen und den Ball nicht mehr fangen können, rollen sie sich diesen gegenseitig zu.

Übung: Suchaufgabe

trainiert besonders

- Wahrnehmung
- Konzentration

Durchführung

Jeder TN erhält ein **Arbeitsblatt** → Kopiervorlage, das nach vorgegebener Anleitung zu bearbeiten ist. Die TN sollen in den waagerechten Reihen zwei oder drei Begriffe zum Thema „Advent und Weihnachten" suchen. Die Anfangsbuchstaben der gefundenen Wörter ergeben, der Reihe nach gelesen, einen Lösungssatz. Die gefundenen Wörter werden mit einem Stift auf dem Arbeitsblatt markiert.

Hinweis
Bei demenziell veränderten TN kann der GL ggf. die zu suchenden Wörter vorgeben. Die gefundenen Wörter können auch nur mündlich genannt werden und der GL schreibt die Begriffe an ein **Flipchart** oder an eine **Tafel.** Das Lösungswort wird gemeinsam herausgefunden, indem der GL die genannten Buchstaben der Reihe nach anschreibt.

Anschluss: Fantasieübung

Nachdem die TN die gesuchten Begriffe gefunden haben, werden mit einzelnen Wörtern kleine Sätze gebildet. Diese Übung trainiert zusätzlich das Formulieren und Fantasie/Kreativität.

Beispiele

- Das Christkind bringt viele Überraschungen.
- Mit dem Nussknacker werden die Nüsse geknackt.
- Der Tannenbaum wird mit Strohsternen und Lametta geschmückt.

Hinweis
Je nach Leistungsfähigkeit der TN, kann auch eine gemeinsame Geschichte mit allen gefundenen Wörtern erzählt werden.

Suchaufgabe

In jeder der folgenden Buchstabenreihen sind waagerecht Begriffe zum Thema „Advent und Weihnachten“ versteckt. Wenn Sie die Anfangsbuchstaben der gesuchten Wörter hintereinander lesen, ergibt sich der Titel eines Weihnachtsliedes.

<u>HINWEIS:</u> Die Umlaute „Ü“ und „Ä“ wurden im Text ausgeschrieben (Ü = UE, Ä = AE).

1. NOSBETHLEHEMWISTBVIKAWANILSMERADVENTWVM
2. SBXLAMETTAMISODESKAMVSALANICDATTELNOSATF
3. VETCZQNUESSESTISAELEADUEBERRASCHUNGENTBI
4. VERULABLININOSNIKOLAUSRUILEXVMOPWRTUAILPZB
5. MSTROHSTERNEAIGRTANNENBAUMMBVWUENSCHET
6. OMEONUMSTENGELFBPAINGWERNENSIJHVXMBVCD
7. ANHIRTENLMIEDSLFERNUSSKNACKERTHUMBRAHTRA
8. TIHTENURADVENTSKRANZUPDAVCHRISTKINDVIRAZTQ
9. DEHEILIGABENDLUNTAINTEELICHTWAZKWELIMBVXYT
10. SPEKULATIUSMKZIMTSTERNEGMELISENLEBKUCHEN
11. OBIWINGWERPLAETZCHENCHGROATANNENDUFTSW

Der Titel des Weihnachtsliedes lautet:

B ____

 © Verlag an der Ruhr | Autorin: Sabine Kelkel | ISBN 978-3-8346-4130-4 | www.verlagruhr.de

Suchaufgabe

In jeder der folgenden Buchstabenreihen sind waagerecht Begriffe zum Thema „Advent und Weihnachten" versteckt. Wenn Sie die Anfangsbuchstaben der gesuchten Wörter hintereinander lesen, ergibt sich der Titel eines Weihnachtsliedes.

<u>HINWEIS:</u> Die Umlaute „Ü" und „Ä" wurden im Text ausgeschrieben (Ü = UE, Ä = AE).

1. NOS**BETHLEHEM**WISTBVIKAWANILSMER**ADVENT**WVM
2. SBX**LAMETTA**MISODESKAMVSALANIC**DATTELN**OSATF
3. VETCZQ**NUESSE**STISAELEAD**UEBERRASCHUNGEN**TBI
4. VERULABLININOS**NIKOLAUS**RU**ILEX**VMOPWRTUAILPZB
5. M**STROHSTERNE**AIGR**TANNENBAUM**MBV**WUENSCHE**T
6. OMEONUMST**ENGEL**FBPA**INGWER**NENSIJHVXMBVCD
7. AN**HIRTEN**LMIEDSLFER**NUSSKNACKER**THUMBRAHTRA
8. TIHTENUR**ADVENTSKRANZ**UPDAV**CHRISTKIND**VIRAZTQ
9. DE**HEILIGABEND**LUNTAIN**TEELICHT**WAZKWELIMBVXYT
10. **SPEKULATIUS**MK**ZIMTSTERNE**GM**ELISENLEBKUCHEN**
11. OBIW**INGWERPLAETZCHEN**CHGROA**TANNENDUFT**SW

Der Titel des Weihnachtsliedes lautet:

Bald nun ist Weihnachtszeit

Übung: Sinnesübung

trainiert besonders

- Wahrnehmung
- Konzentration
- Urteilsfähigkeit
- Langzeitgedächtnis

Vorbereitung

Für jeden TN wird ein **nummeriertes Tastsäckchen** mit weihnachtlichen Tastmaterialien gefüllt. In jedem Säckchen befindet sich ein Gegenstand. Tastmaterialien können sein: ★ Engelfigur ★ Stern ★ Walnuss ★ Nussknacker ★ Kerze ★ Tannenzweig ★ Tannenzapfen ★ Weihnachtskugel ★ Glöckchen ★ Krippenfigur ★ Zimtstange ★ Ersatzglühbirne einer Lichterkette ...
Zum Notieren der Ergebnisse benötigt jeder TN zusätzlich ein **Blatt Papier** und einen **Stift.**

Durchführung

Jeder TN bekommt nun ein nummeriertes Tastsäckchen mit einem Gegenstand sowie ein Blatt Papier und einen Stift. Die TN sollen mit beiden Händen in das Säckchen greifen und durch Ertasten herausfinden, welcher Gegenstand sich darin befindet. Das Ergebnis wird notiert und das Säckchen an den rechten Nachbarn weitergereicht. Die Tastübung ist beendet, wenn die TN den Inhalt aller Säckchen gefühlt bzw. ertastet haben. Der GL sammelt alle Säckchen ein und zeigt während der Auflösung im Plenum den entsprechenden Gegenstand des genannten Säckchens.

Zum Abschluss der Übungseinheit wird das **Gedicht „Aus Rauhreif"** → Kopiervorlage GL von Bruno Wille vorgelesen. Durch das Zuhören wird bei den TN die Konzentration gefördert.

Varianten

1.

Tastsinn: Jeder TN bekommt ein Tastsäckchen mit einem Gegenstand. Reihum greift jeder TN mit beiden Händen in sein Säckchen und beschreibt der Gruppe seinen Gegenstand. Er erklärt z. B., wie er sich anfühlt, aus welchem Material er besteht und welche Form sein Gegenstand hat. Die Gruppe versucht, anhand der Beschreibung herauszufinden, um welchen Gegenstand es sich handelt. Hat die Gruppe richtig geraten, nimmt der TN seinen Gegenstand aus dem Säckchen und zeigt ihn in die Runde. Anschließend macht der nächste TN mit der Beschreibung seines Gegenstandes weiter.

Hinweis
Passen Sie diese Variante der Leistungsfähigkeit demenziell veränderter TN an.

Übung: Sinnesübung

Bei ungeübten und geübten TN können die Gegenstände am Ende der Runde nochmals in Erinnerung gerufen werden, indem der GL die TN fragt, welche Gegenstände sie zu Beginn gezogen haben. Dies trainiert zusätzlich die Merkfähigkeit und das Kurzzeitgedächtnis.

2.

Geruchssinn: Jeder TN erhält ein nummeriertes Gefäß (z. B. kleine Teedose, Filmdöschen, kleines Schraubglas) mit einem Duftgegenstand. Duftmaterialien können Weihnachtsgewürze sein, wie z. B.: ★ Anis ★ Muskatblüte ★ Koriander ★ Kardamom ★ Lebkuchengewürz ★ Bittermandelöl ★ Zitronen ★ Orangenschalen oder -öl ★ Vanille- oder Rumaroma ...

Die TN sollen durch Riechen herausfinden, welche Duftprobe sich in den jeweiligen Gefäßen befindet. Das Ergebnis wird notiert und das Gefäß an den rechten Nachbarn weitergereicht. Die Riechübung ist beendet, wenn die TN den Inhalt aller Gefäße gerochen haben.

Alternativ kann der GL ein „Duft-Memo" erstellen. Zwei Gefäße haben immer denselben Duft. Die Gefäße werden an die TN verteilt und diese haben die Aufgabe, ihren „Duftpartner" zu finden.

Im Anschluss an diese Übung kann gemeinsam überlegt werden, in welchen Speisen und Getränken die Gewürze oder Öle Verwendung finden.

3.

Gehörsinn: Benötigt werden ein CD-Player sowie eine CD mit Weihnachtsliedern. Der GL spielt einige Takte eines Weihnachtsliedes an und die TN erraten, um welches Lied es sich handelt. Anschließend kann das Lied gemeinsam gesungen werden.

Alternativ kann der GL der Gruppe auch die Melodie eines Weihnachtsliedes vorsummen und die TN erraten das Lied. Die TN können der Gruppe, wenn sie möchten, auch selbst ein Lied vorsummen.

4.

Geschmacksinn: Der GL bereitet verschiedene Geschmacksproben vor, wie z. B.: ★ getrocknete Apfelringe ★ Mandarinen ★ Datteln ★ Feigen ★ Rosinen ★ Gebäck ...

Die TN werden gebeten, ihre Augen zu schließen. Der GL legt jedem TN eine Geschmacksprobe auf die Hand oder auf ein bereitgestelltes Tellerchen. Auf ein Zeichen des GL probieren die TN ihre Probe und benennen das Lebensmittel. Sobald die Geschmacksprobe im Mund ist, dürfen die Augen wieder geöffnet werden.

Lassen Sie die TN auch ruhig den Geschmack beschreiben. Das trainiert zusätzlich das Formulieren.

Hinweise
Klären Sie zu Beginn dieser Übungen evtl. Unverträglichkeiten oder Allergien ab.

Vorlesetext: Aus Rauhreif

Aus Rauhreif

Aus Rauhreif ragt ein Gartenhaus,
Das schaut so schmuck, so sonnig aus.
An blanken Giebel schmiegt sich hold
Der Wintersonne Abendgold.

Eiszapfen, Scheiben in rotem Glanz,
Die Fenster umrahmt von Waldmooskranz.
Blattgrün, Gelbkrokus, ein rosiger Bube
Lächeln aus frühlingswarmer Stube.

Kanarienvogel schmettert so hell,
Kinderlachen und Hundegebell.
Klein Hansemann und Ami spielen
Wolfsjagd, sie balgen sich auf den Dielen.

Die Mutter ging holen den Weihnachtsmann.
Der klopft an die Türe brummend an.
Und sieh, vermummt, ein bärtiger Greis,
Ein Sack voll Nüsse, ein Tannenreis.

„Seid ihr auch artig?“ Stumm nicken die Kleinen
Und reichen die Patschhand; eins möchte weinen.
Da prasseln die Nüsse, das gibt ein Haschen!
Der süße Hagel füllt die Taschen ...

Fort ist der Mann. Mit Lampenschein
Tritt nun die liebe Mutter herein.
Gejubel: „Der Weihnachtsmann war da!
O, Nüsse hat er gebracht, Mama!“

Den großen Tisch umringt ein Schwatzen,
Schalenknacken, behaglich Schmatzen.
Die Mutter klatscht in die Hände und zieht
Die Spieluhr auf: „Nun singt ein Lied!“

„Ihr Kinderlein kommet, o kommet doch all,
Zur Krippe her kommet, in Bethlehems Stall!“
Fromm tönt's in die frostige Nacht hinaus.
Ein Stern steht selig über dem Haus.

Bruno Wille

 © Verlag an der Ruhr | Autorin: Sabine Kelkel | ISBN 978-3-8346-4130-4 | www.verlagruhr.de

2. Adventswoche

trainiert besonders

- Wortfindung/Wortschatz
- assoziatives Denken
- flexibles Denken
- Konzentration
- Langzeitgedächtnis

Übungstyp trainiert besonders	Übungen	Medien	Zielgruppen
Einstieg in die Stunde WF, Assoziieren, LZG	**Gegenteil gesucht**	**Flipchart oder Tafel**	
Wortfindung/Wortschatz WF, Assoziieren, LZG	**Was passt zusammen?**	**Bild- und Wortkarten**	
Wortfindung/Wortschatz **Nachdenken/Überlegen** WF, Assoziieren, LZG	**Liedanfänge gesucht**	**keine**	
Bewegung FD, Konzentration	**Lied mit Bewegung**	**Flipchart oder Tafel**	
Wortfindung/Wortschatz **Konzentration** WF, FD, Konzentration	**Gedicht mit Lücken**	**AB**	
Abschluss der Stunde WF, LZG	**Reimen mit Fantasie**	**keine**	

Übung: Gegenteil gesucht

trainiert besonders

- Wortfindung
- assoziatives Denken
- Langzeitgedächtnis

Durchführung

Die Übung wird an einem **Flipchart** oder einer **Tafel** als mündliche Übung durchgeführt. Der GL schreibt hierzu die nachfolgenden Wörter untereinander an. Aufgabe der TN ist es, das Gegenteil des vorgegebenen Wortes zu nennen. Die Anfangsbuchstaben der gesuchten Lösungswörter ergeben, von oben nach unten gelesen, das Lösungswort: **Christkindlmarkt.**

Hinweis:
Sofern die TN andere Antworten geben, die zwar sinngemäß stimmen, jedoch nicht zum Lösungswort passen, muss nach weiteren Begriffen gesucht werden.

Vorgegebene Wörter	Gegenteil
unhöflich	charmant
tief	hoch
gegart	roh
langweilig	interessant
bitter	süß
billig	teuer
heiß	kalt
außen	innen
alt	neu
dick	dünn
böse	lieb
ängstlich	mutig
frech	artig
falsch	richtig
lang	kurz
lustig	traurig

Anschluss: Gesprächsrunde

Der GL schließt die Übung mit einer kleinen Erzählrunde ab. Er regt mit Fragen zum Gespräch an, wie z. B.:

- Besuchen Sie in der Adventszeit Weihnachtsmärkte?
- Welcher Weihnachtsmarkt ist der älteste in Deutschland? (Dresdner Striezelmarkt, seit dem 15. Jahrhundert)
- Welcher Weihnachtsmarkt ist für Sie der schönste in Deutschland? Was unterscheidet ihn von den anderen?

Übung: Was passt zusammen?

trainiert besonders

- Wortfindung
- assoziatives Denken
- Langzeitgedächtnis

Vorbereitung

Die **Bild- und Wortkarten** → Kopiervorlage werden, entsprechend der TN-Zahl und gewählten Methode, kopiert, laminiert und ausgeschnitten.

Durchführung

Die Übung kann als Partner- oder Gruppenarbeit durchgeführt werden. Der GL verteilt an jedes Paar oder jede Gruppe die benötigten Bild- und Wortkarten.
Aufgabe der TN ist es, jeweils drei Wortkarten einem Bild zuzuordnen. Da einige Wortkarten zu mehreren Bildern passen, ist die Lösung nicht immer sofort eindeutig.

Lösung zur Übung

Tannen → **Nadeln, Duft, Baum**
Stern → **Warte, Singer, Zeichen**
Engel → **Haar, Burg, Flügel**
Gebäck → **Teller, Zange, Dose**
Krippe → **Feier, Spiel, Figur**
Glocken → **Klang, Turm, Rock**
Nikolaus → **Abend, Lied, Kostüm**
Zimt → **Reis, Stange, Stern**
Nuss → **Kuchen, Knacker, Schale**
Geschenk → **Band, Karte, Artikel**
Kerzen → **Wachs, Schein, Docht**
Schnee → **Gans, Mann, Flocke**

Hinweis
Demenziell veränderte TN sollten je nach Leistungsfähigkeit nur eine Wortkarte zu jedem Bild zuordnen. Der GL sollte bei der Auswahl darauf achten, dass die Wörter eindeutige Lösungen ergeben.

Varianten

1. Im Anschluss können noch weitere Wörter zu den Bildern gesucht werden. Geübte TN denken sich ein passendes Wort aus und beschreiben es den übrigen TN, bis der gesuchte Begriff genannt wird.

   Beispiel
   Tannen → Spitze
   „Mein Wort ist eine besondere Art von Stoff und eine andere Bezeichnung für 'klasse'".

2. Die TN überlegen, welche neuen Wörter sie mit einer Bild- oder Wortkarte bilden können, z. B. Duftkerze, Engelkostüm, Kuchenrezept …

Bildkarten: Was passt zusammen?

© laszlolorik | Fotolia.com

© electriceye | Fotolia.com

© LiliGraphie | Fotolia.com

© Gresei | Fotolia.com

© Tesgro Tessieri | Fotolia.com

© by-studio | Fotolia.com

Bildkarten: Was passt zusammen?

© twixx | Fotolia.com

© valery121283 | Fotolia.com

© Pineapple studio | Fotolia.com

© juri | Fotolia.com

© womue | Fotolia.com

© by-studio | Fotolia.com

Wortkarten: Was passt zusammen?

Nadeln © paprika | Fotolia.com	**Duft** © paprika | Fotolia.com	**Baum** © paprika | Fotolia.com
Warte © paprika | Fotolia.com	**Singer** © paprika | Fotolia.com	**Zeichen** © paprika | Fotolia.com
Haar © paprika | Fotolia.com	**Burg** © paprika | Fotolia.com	**Flügel** © paprika | Fotolia.com
Teller © paprika | Fotolia.com	**Zange** © paprika | Fotolia.com	**Dose** © paprika | Fotolia.com
Feier © paprika | Fotolia.com	**Spiel** © paprika | Fotolia.com	**Figur** © paprika | Fotolia.com
Klang © paprika | Fotolia.com	**Turm** © paprika | Fotolia.com	**Rock** © paprika | Fotolia.com

© Verlag an der Ruhr | Autorin: Sabine Kelkel | ISBN 978-3-8346-4130-4 | www.verlagruhr.de

Wortkarten: Was passt zusammen?

Abend © paprika | Fotolia.com	**Lied** © paprika | Fotolia.com	**Kostüm** © paprika | Fotolia.com
Reis © paprika | Fotolia.com	**Stange** © paprika | Fotolia.com	**Stern** © paprika | Fotolia.com
Kuchen © paprika | Fotolia.com	**Knacker** © paprika | Fotolia.com	**Schale** © paprika | Fotolia.com
Band © paprika | Fotolia.com	**Karte** © paprika | Fotolia.com	**Artikel** © paprika | Fotolia.com
Wachs © paprika | Fotolia.com	**Schein** © paprika | Fotolia.com	**Docht** © paprika | Fotolia.com
Gans © paprika | Fotolia.com	**Mann** © paprika | Fotolia.com	**Flocke** © paprika | Fotolia.com

Übung: Liedanfänge gesucht

trainiert besonders

- Wortfindung
- assoziatives Denken
- Langzeitgedächtnis

Durchführung

Bei dieser mündlichen Übung liest der GL die nachfolgenden Liedzeilen von Weihnachtsliedern vor. Aufgabe der TN ist es, den Liedanfang zu erraten. Im Anschluss können auch einige Lieder gemeinsam gesungen werden.

Liedzeilen

1. ... auf die Erde nieder, wo wir Menschen sind.
   Lösung: ***Alle Jahre wieder kommt das Christuskind***
2. ... und uns recht von Herzen freun!
   Lösung: ***Lasst uns froh und munter sein***
3. ... ich bring euch gute neue Mär.
   Lösung: ***Vom Himmel hoch, da komm ich her,***
4. ... durch der Engel Halleluja tönt es laut von fern und nah.
   Lösung: ***Stille Nacht, heilige Nacht! Hirten erst kund gemacht,***
5. ... als spräch er: „Wollt in mir erkennen getreuer Hoffnung stilles Bild!“
   Lösung: ***Am Weihnachtsbaum die Lichter brennen, wie glänzt er festlich, lieb und mild,***
6. ... zur Krippe her kommet, in Bethlehems Stall.
   Lösung: Ihr Kinderlein, kommet, o kommet doch all,
7. ...’s ist, als ob Engelein singen wieder von Frieden und Freud.
   Lösung: ***Süßer die Glocken nie klingen als zu der Weihnachtszeit;***
8. ... Du grünst nicht nur zur Sommerzeit, nein, auch im Winter, wenn es schneit.
   Lösung: ***O Tannenbaum, o Tannenbaum, wie grün sind deine Blätter!***
9. ... gnadenbringende Weihnachtszeit!
   Lösung: ***O du fröhliche, o du selige,***
10. ... still und starr ruht der See ...
    Lösung: ***Leise rieselt der Schnee,***
11. ... aus einer Wurzel zart ...
    Lösung: ***Es ist ein Ros entsprungen***
12. ... kommet, das liebliche Kindlein zu schaun.
    Lösung: ***Kommet, ihr Hirten, ihr Männer und Fraun,***
13. Lasst mich ein, ihr Kinder ...
    Lösung: ***Kling, Glöckchen, klingelingeling, kling, Glöckchen kling!***

Übung: Liedanfänge gesucht

Variante

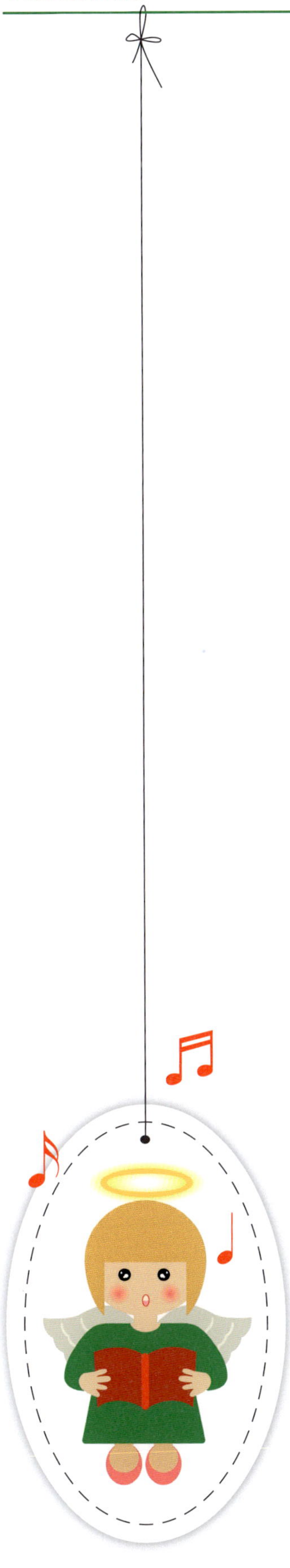

Der GL liest den Anfang eines Weihnachtsliedes vor, die TN ergänzen die Liedzeile.

Liedzeilen

1. O du fröhliche,
   Lösung: *… o du selige, gnadenbringende Weihnachtszeit!*
2. Am Weihnachtsbaum die Lichter brennen, wie glänzt er festlich, lieb und mild,
   Lösung: *… als spräch er: „Wollt in mir erkennen getreuer Hoffnung stilles Bild!“*
3. „Fröhliche Weihnacht überall“,
   Lösung: *… tönet durch die Lüfte froher Schall.*
4. Schneeflöckchen, Weißröckchen,
   Lösung: *… wann kommst du geschneit …*
5. Alle Jahre wieder
   Lösung: *… kommt das Christuskind …*
6. Morgen, Kinder, wird's was geben
   Lösung: *… morgen werden wir uns freu'n …*
7. Kling Glöckchen,
   Lösung: *… klingelingeling, kling, Glöckchen kling!*
8. Stille Nacht, heilige Nacht! Alles schläft,
   Lösung: *… einsam wacht nur das traute hochheilige Paar.*
9. Lasst uns froh und munter sein
   Lösung: *… und uns recht von Herzen freun!*
10. Ihr Kinderlein, o kommet doch all,
    Lösung: *… zur Krippe her kommet, in Bethlehems Stall.*
11. Ich steh an deiner Krippe hier,
    Lösung: *… o Jesu, du mein Leben …*
12. Vom Himmel hoch, da komm ich her,
    Lösung: *… ich bring euch gute neue Mär.*
13. Süßer die Glocken nie klingen als zu der Weihnachtszeit;
    Lösung: *…'s ist, als ob Engelein singen wieder von Frieden und Freud.*
14. Leise rieselt der Schnee
    Lösung: *… still und starr ruht der See …*
15. Kommet, ihr Hirten, ihr Männer und Fraun,
    Lösung: *… kommet, das liebliche Kindlein zu schaun.*
16. O Tannenbaum, o Tannenbaum,
    Lösung: *… wie grün sind deine Blätter!*

Übung: Lied mit Bewegung

trainiert besonders

- flexibles Denken
- Konzentration

Durchführung

Die Bewegungsübung kann sowohl im Sitzen als auch im Stehen durchgeführt werden.
Der GL schreibt die Liedzeilen des Liedes „Schneeflöckchen, Weißröckchen" an ein **Flipchart** oder eine **Tafel.**
Anschließend übt der GL mit den TN die entsprechenden Bewegungen ein. Sobald die TN die Bewegungsabläufe etwas verinnerlicht haben, wird das Lied gemeinsam gesungen und die entsprechenden Bewegungen dazu gemacht.

Liedtext	**Bewegungen**
1. Schneeflöckchen, Weißröckchen, wann kommst du geschneit; du wohnst in den Wolken, dein Weg ist so weit.	→ „rieselnde Bewegungen" mit den Fingern von oben nach unten machen → mit den Händen Wolken in die Luft malen → mit den Händen nach vorn „spazieren" und dann die Arme weit nach außen öffnen
2. Komm, setz dich ans Fenster, du lieblicher Stern; malst Blumen und Blätter, wir haben dich gern.	→ mit beiden Händen heranwinkende Bewegung machen → einen Stern in die Luft malen → eine Blume in die Luft malen → Hände aufs Herz legen
3. Schneeflöckchen, du deckst uns die Blümelein zu, dann schlafen sie sicher in himmlischer Ruh.	→ mit den flachen Händen über den Tisch oder in der Luft wischen → Kopf jeweils rechts und links auf die Hände legen und Schlafen nachahmen
4. Schneeflöckchen, Weißröckchen, komm zu uns ins Tal, dann baun wir den Schneemann und werfen den Ball.	→ mit beiden Händen heranwinkende Bewegung machen → Schneemannbauen nachahmen → imaginäre Schneebälle wegwerfen

Variante

Anstelle der vorgegebenen Bewegungen entwickeln die TN eigene Ideen.

Übung: Gedicht mit Lücken

trainiert besonders

- Wortfindung
- flexibles Denken
- Konzentration

Durchführung

Jeder TN erhält ein **Arbeitsblatt** → Kopiervorlage, das nach vorgegebener Anleitung zu bearbeiten ist. Aufgabe der TN ist es, die fehlenden Wörter in den Text einzusetzen. Diese sind in alphabetischer Reihenfolge unter dem Gedicht aufgeführt.
Die Übung kann in Einzel-, Partner- oder Gruppenarbeit durchgeführt werden.

Variante

Es werden Anagramme mit dem Wort **RAUSCHGOLDENGEL** gebildet. Das Wort wird an ein **Flipchart** oder eine **Tafel** geschrieben. Aufgabe der TN ist es, möglichst viele Wörter zu suchen, die aus den Buchstaben gebildet werden können.
Es dürfen nur die Buchstaben des vorgegebenen Wortes verwendet werden. Wörter mit Buchstaben zu bilden, die nicht vorkommen oder nur einmal vorhanden sind, wie z. B. „riechen", ist nicht erlaubt.

Wörter, die sich bilden lassen:
RASCH ★ ADLER ★ UHR ★ SCHADEN ★ CHOR ★ HAUS ★ GANS ★ ODER ★ LAND ★ DAUNE ★ ESEL ★ NADEL ...

Anschließend können die TN aus den einzelnen Wörtern Sätze bilden oder sich fünf der aufgeschriebenen Wörter aussuchen und eine Geschichte schreiben.

Die TN können auch nach Gemeinsamkeiten der gefundenen Wörter suchen.

Beispiel
Adler, Esel und Gans → **Tiere**

Gedicht mit Lücken

Setzen Sie die fehlenden Wörter ein, sodass Sie ein vollständiges Gedicht von Joseph von Eichendorff erhalten. Die einzusetzenden Wörter sind unten auf diesem Arbeitsblatt in alphabetischer Reihenfolge aufgeführt.

Weihnachten

Markt und Straßen steh'n verlassen,
Still erleuchtet jedes ____________ ,
Sinnend geh ich durch die ____________ ,
Alles sieht so ____________ aus.

An den ____________ haben Frauen
Buntes Spielzeug fromm ____________ ,
____________ Kindlein steh'n und schauen,
Sind so ____________ beglückt.

Und ich ____________ aus den Mauern
Bis hinaus ins freie ____________ ,
Hehres ____________ , heil'ges Schauern!
Wie so weit und still die ____________ !

____________ hoch die Kreise schlingen,
Aus des Schnees ____________
Steigt's wie ____________ Singen –
O du ____________ Zeit!

Joseph von Eichendorff

Einzusetzen sind:

Einsamkeit ★ Feld ★ Fenstern ★ festlich ★ Gassen ★ geschmückt ★ Glänzen ★ gnadenreiche ★ Haus ★ Sterne ★ ~~Straßen~~ ★ Tausend ★ wandre ★ Welt ★ wunderbares ★ wunderstill

 © Verlag an der Ruhr | Autorin: Sabine Kelkel | ISBN 978-3-8346-4130-4 | www.verlagruhr.de

Gedicht mit Lücken

Setzen Sie die fehlenden Wörter ein, sodass Sie ein vollständiges Gedicht von Joseph von Eichendorff erhalten. Die einzusetzenden Wörter sind unten auf diesem Arbeitsblatt in alphabetischer Reihenfolge aufgeführt.

Weihnachten

Markt und Straßen steh'n verlassen,
Still erleuchtet jedes Haus,
Sinnend geh ich durch die Gassen,
Alles sieht so festlich aus.

An den Fenstern haben Frauen
Buntes Spielzeug fromm geschmückt,
Tausend Kindlein steh'n und schauen,
Sind so wunderstill beglückt.

Und ich wandre aus den Mauern
Bis hinaus ins freie Feld,
Hehres Glänzen, heil'ges Schauern!
Wie so weit und still die Welt!

Sterne hoch die Kreise schlingen,
Aus des Schnees Einsamkeit
Steigt's wie wunderbares Singen –
O du gnadenreiche Zeit!

Joseph von Eichendorff

Einzusetzen sind:

Einsamkeit ★ Feld ★ Fenstern ★ festlich ★ Gassen ★ geschmückt ★ Glänzen ★ gnadenreiche ★ Haus ★ Sterne ★ Straßen ★ Tausend ★ wandre ★ Welt ★ wunderbares ★ wunderstill

Reimen mit Fantasie

trainiert besonders

- Wortfindung
- Langzeitgedächtnis

Durchführung

Der GL liest die nachfolgenden Sätze vor, die TN ergänzen das fehlende Reimwort. Die zu ergänzenden Reimwörter sind zur schnelleren Erkennbarkeit **grün** hervorgehoben.

Beispiele

1. Kein Nikolaus ohne Bart,	keine Tankstelle ohne **Wart.**
2. Kein Nikolaus ohne Mütze,	kein Regenguss ohne **Pfütze.**
3. Kein Nikolaus ohne Nüsse,	keine Liebe ohne **Küsse.**
4. Keine Adventzeit ohne Kranz,	kein Abschlussball ohne **Tanz.**
5. Keine Adventzeit ohne Backen,	kein Stern ohne **Zacken.**
6. Keine Adventzeit ohne Schmücken,	kein Leben ohne **Tücken.**
7. Keine Tanne ohne Nadel,	kein England ohne **Adel.**
8. Keine Tanne ohne Zapfen,	keine Fastnacht ohne **Krapfen.**
9. Keine Tanne ohne Duft,	kein Ballon ohne **Luft.**
10. Kein Weihnachtsbaum ohne Glocken,	kein Mann ohne **Socken.**
11. Kein Weihnachtsbaum ohne Kerzen,	kein Spaß, ohne zu **scherzen.**
12. Kein Weihnachtsbaum ohne Spitze,	keine Impfung ohne **Spritze.**
13. Kein Weihnachtsmarkt ohne Lichter,	keine Nation ohne **Dichter.**
14. Kein Weihnachtsmarkt ohne Stände,	kein Haus ohne **Wände.**
15. Kein Weihnachtsmarkt ohne Gebäck,	kein Haushalt ohne **Besteck.**

3. Adventswoche

trainiert besonders

- Wortfindung/Wortschatz • flexibles Denken • Konzentration
- Urteilsfähigkeit • Langzeitgedächtnis

Übungstyp trainiert besonders	Übungen	Medien	Zielgruppen
Einstieg in die Stunde WF, LZG	**Themenwörter – Weihnachtszeit**	**Flipchart oder Tafel**	
Wortfindung/Wortschatz **Konzentration** WF, FD, Konzentration, LZG	**Rätselhafte Gebäcksorten und Süßigkeiten**	**AB**	
Wortfindung/Wortschatz WF, FD	**Rebus-Rätsel**	**AB**	
Bewegung Konzentration	**Bewegungsgeschichte: Der Weihnachtsputz**	**keine**	
Nachdenken/Überlegen WF, FD, UF, LZG	**Würfelspiel**	**Spielplan und Würfel**	
Abschluss der Stunde Konzentration	**Lied: „Süßer die Glocken nie klingen"**	**KV**	

Übung: Themenwörter – Weihnachtszeit

trainiert besonders

- Wortfindung
- Langzeitgedächtnis

Durchführung

Der GL schreibt das Wort „Weihnachtszeit“ von oben nach unten an ein **Flipchart** oder eine **Tafel.** Aufgabe der TN ist es, zu jedem Buchstaben Begriffe zu nennen, die sie mit der Weihnachtszeit in Verbindung bringen.

Beispiel

W = Wünsche, Wunschzettel, Weihrauch, Wichtel, Wunderkerzen ...
E = Einkäufe, Erwartung, Erleuchtung, Entenbraten ...
I = Ingwerplätzchen, Ilex, Israel, Ikonen ...
H = Heimlichkeiten, Honigkuchen, Hektik, Hexenhäuschen, Hirten ...
N = Neugierde, Nüsse, Nikolaus, Nussknacker, Nächstenliebe ...
A = Advent, Ankunft, Ausgaben, Aachener Printen, Adventskalender ...
C = Christkind, Christmette, Christrosen, Christkindlmarkt, Chorgesang ...
H = Hoffnung, Heiligabend, Hirten, Holzschnitzereien, Heilige drei Könige ...
T = Tannenbaum, Träume, Tischdekoration, Turmglockenspiel ...
S = Stern, singen, Segen, Spekulatius, Stollen, Schnee, Schlittenfahrt ...
Z = Zimtwaffeln, Zeitmangel, Zitherspiel, Zweisamkeit ...
E = Engel, Elisenlebkuchen, Eiszapfen, Einladungen ...
I = Ingwertee, in sich gehen, interessante Gespräche, Innigkeit ...
T = Tannenduft, Teelichter, Tannengrün ...

Anschluss: Gesprächsrunde

Der GL schließt die Übung mit einer kleinen Erzählrunde ab. Er regt mit Fragen zum Gespräch an, wie z. B.:

- Was verbinden Sie mit der Weihnachtszeit?
- Ist die Weihnachtszeit heute anders als früher? Was hat sich verändert? Woran kann das liegen?
- Ist die Weihnachtszeit für Sie eine besinnliche Zeit?
- Wie schmücken Sie in der Weihnachtszeit Ihre Wohnung?
- Wann beginnen Sie mit dem Kauf der Weihnachtsgeschenke?

Übung: Rätselhafte Gebäcksorten und Süßigkeiten

trainiert besonders

- Wortfindung
- flexibles Denken
- Konzentration
- Langzeitgedächtnis

Durchführung

Jeder TN erhält ein **Arbeitsblatt** → Kopiervorlage, das nach vorgegebener Anleitung zu bearbeiten ist. Die TN haben die Aufgabe, die fehlenden Vokale (A, E, I, O, U) und Umlaute (Ä, Ö, Ü) einzusetzen. Alternativ kann die Übung auch an einem **Flipchart** oder einer **Tafel** durchgeführt werden.

Jeder TN erhält ein **Arbeitsblatt** → Kopiervorlage, das nach vorgegebener Anleitung zu bearbeiten ist. Die TN haben die Aufgabe, die geschüttelten Buchstaben in die richtige Reihenfolge zu bringen, damit sich ein sinnvolles Wort ergibt.

Hinweis
Da für beide Arbeitsblätter die gleichen Wörter verwendet wurden, gibt es nur eine Lösung.

Lösung: Rätselhafte Gebäcksorten und Süßigkeiten

Wenn die fehlenden Selbst- und Umlaute eingesetzt oder die geschüttelten Wörter in die richtige Reihenfolge gebracht worden sind, ergeben sich nachfolgende Lösungswörter:

1. **Printen**
2. **Marzipan**
3. **Heidesand**
4. **Rumkugeln**
5. **Spitzbuben**
6. **Springerle**
7. **Zimtwaffeln**
8. **Baumkuchen**
9. **Dominosteine**
10. **Früchtebrot**
11. **Christstollen**
12. **Pfeffernüsse**
13. **Spritzgebäck**
14. **Vanillekipferl**
15. **Kokosmakronen**

Rätselhafte Gebäcksorten und Süßigkeiten

Hier fehlen die Selbstlaute (A, E, I, O, U) und die Umlaute (Ä, Ü).

Finden Sie heraus, wie die Wörter richtig heißen müssen.

1. P R __I__ N T __E__ N
2. M ____ R Z ____ P ____ N
3. H ____ ____ D ____ S ____ N D
4. R ____ M K ____ G ____ L N
5. S P ____ T Z B ____ B ____ N
6. S P R ____ N G ____ R L ____
7. Z ____ M T W ____ F F ____ L N
8. B ____ ____ M K ____ C H ____ N
9. D ____ M ____ N ____ S T ____ ____ N ____
10. F R ____ C H T ____ B R ____ T
11. C H R ____ S T S T ____ L L ____ N
12. P F ____ F F ____ R N ____ S S ____
13. S P R ____ T Z G ____ B ____ C K
14. V ____ N ____ L L ____ K ____ P F ____ R L
15. K ____ K ____ S M ____ K R ____ N ____ N

Rätselhafte Gebäcksorten und Süßigkeiten

Bringen Sie die geschüttelten Buchstaben in die richtige Reihenfolge, damit sich ein sinnvolles Wort ergibt.

1. R P I E T N N — PRINTEN
2. M A Z P I A R N — ______
3. E H D D A S E I N — ______
4. G U U R E L M N K — ______
5. I U S B T P E Z B N — ______
6. R L N E S G I E R P — ______
7. T M F A N F W E I L Z — ______
8. M E N B A U H K U C — ______
9. D O N I E E M I N O S T — ______
10. O T B E R Ü C H T F R — ______
11. L E S T N S T C H R I O L — ______
12. Ü N E R E F F P F E S S — ______
13. C Ä B S P R I G K T Z E — ______
14. E L E R F K I L L I P V A N — ______
15. R A M K O K N O S K O E N — ______

Übung: Rebus-Rätsel

trainiert besonders

- Wortfindung
- flexibles Denken

Durchführung

Jeder TN erhält ein **Arbeitsblatt** → Kopiervorlage, das nach vorgegebener Anleitung zu bearbeiten ist. Anhand der Bilder werden, durch Austauschen oder Wegstreichen von Buchstaben, Begriffe zum Thema „Weihnachtszeit“ gesucht.

Variante

Der GL schreibt ein Anfangs- und ein Endwort an ein **Flipchart** oder eine **Tafel.** Aufgabe der TN ist es, ein Wort zu suchen, das zu beiden Wörtern passt, sodass sich beim Lesen zwei sinnvoll zusammengesetzte Nomen (Hauptwörter) ergeben.
Wenn es sprachlich erforderlich ist, dürfen Buchstaben hinzugefügt oder weggelassen werden.

Hinweis
Erfahrungsgemäß gibt es bei dieser Übung unterschiedliche Lösungen, sodass die Antworten der TN von den angegebenen Lösungen abweichen können.

Beispiele

1. Advents- ______ platz **= Markt**
2. Advents- ______ abend **= Konzert**
3. Advents- ______ buch **= Lieder**
4. Advents- ______ blatt **= Kalender**
5. Advents- ______ band **= Gedicht**
6. Advents- ______ punkt **= Zeit**
7. Advents- ______ kuchen **= Kranz**
8. Advents- ______ schule **= Sonntag(s)**
9. Advents- ______ kunde **= Stern**
10. Advents- ______ kanone **= Stimmung(s)**
11. Advents- ______ stück **= Schmuck**
12. Advents- ______ tag **= Feier**

Anschließend können die TN aus den einzelnen Wörtern Sätze bilden oder eine kleine Geschichte schreiben. Dies trainiert zusätzlich das Formulieren und die Fantasie und Kreativität.

Rebus-Rätsel

Finden Sie heraus, welche Begriffe bzw. Aussagen zur Weihnachtszeit gesucht sind. Hierbei müssen Sie bei den einzelnen Gegenständen die angegebenen Buchstaben streichen oder gegen andere Buchstaben austauschen.

Zeichenerklärung: ( ) dieser Buchstabe fällt weg

= dieser Buchstabe wird ersetzt

2 = I, 4 = T

5 = 3, 3 =5

3 = D

1. HI~~E~~RT~~D~~

3

4 = S

(2, 3)

1 = ST, 5 = Z

2 = L

1 = M, 4 = KT

2. ______________________ ______________________

4 = HN

8

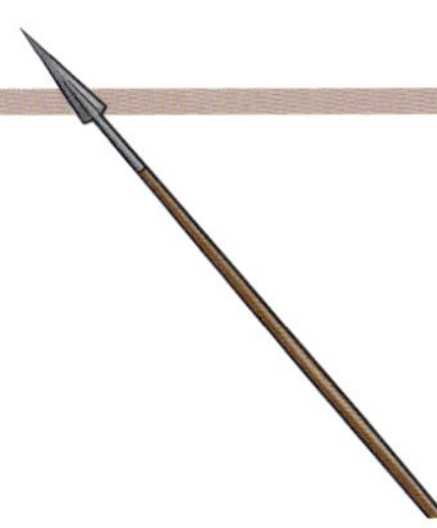

(3), 4 = Y

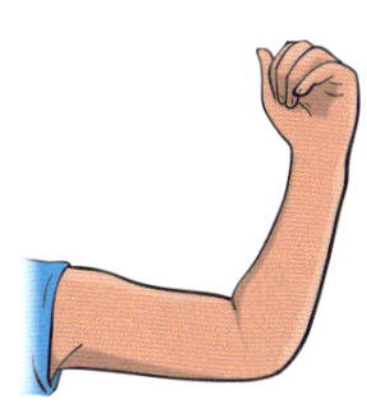

(2)

(1, 3), 4 = DE

(1)

2 = E, (4)

(1)

3. ______________________ ______ ______ ______________

Rebus-Rätsel

Finden Sie heraus, welche Begriffe bzw. Aussagen zur Weihnachtszeit gesucht sind. Hierbei müssen Sie bei den einzelnen Gegenständen die angegebenen Buchstaben streichen oder gegen andere Buchstaben austauschen.

Zeichenerklärung: ( ) dieser Buchstabe fällt weg

= dieser Buchstabe wird ersetzt

2 = I, 4 = T

5 = 3, 3 =5

3 = D

1. **Hirtenlegende** (Herd, Engel, Ente)

3

4 = S

(2, 3)

1 = ST, 5 = Z

2 = L

1 = M, 4 = KT

2. **Dresdner Striezelmarkt** (Drei, Diener, Brief, Ei, Bart)

4 = HN

8

(3), 4 = Y

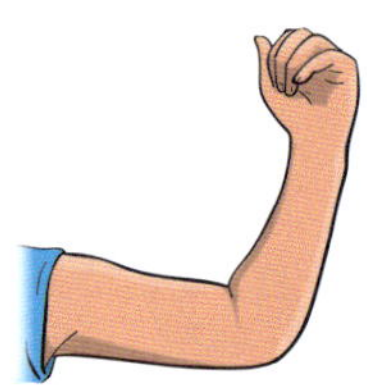

(2)

(1, 3), 4 = DE

(1)

2 = E, (4)

(1)

3. **Weihnachtspyramide aus dem Erzgebirge** (Wein, Acht, Speer, Arm, Kind, Haus, Dame, Herz, Gebirge)

 © Verlag an der Ruhr | Autorin: Sabine Kelkel | ISBN 978-3-8346-4130-4 | www.verlagruhr.de

Bewegungsgeschichte: Der Weihnachtsputz

trainiert besonders

- Konzentration

Durchführung

Die folgende Bewegungsgeschichte ist so aufgebaut, dass der GL als Vorleser die Bewegungen vorführt und die TN die Bewegungen nachmachen.
Damit der GL die Bewegungsimpulse schnell erkennt, sind diese farbig in Klammern hervorgehoben. Je nach Zielgruppe kann er die Bewegungen vor dem Vorlesen einmal mit den TN ausführen.

Der Weihnachtsputz

Jedes Jahr zur Weihnachtszeit steht bei Hertha der Weihnachtsputz auf dem Programm. Heute ist es wieder so weit.

Nach einem ausgiebigen Frühstück ist Hertha frisch gestärkt (beide Arme anwinkeln und anspannen) und begibt sich zuerst ins Schlafzimmer (auf der Stelle gehen).

Routiniert zieht sie die Betten ab und schüttelt die Bezüge zuerst am Fenster aus (Bettbezüge ausschütteln), ehe sie sie in die Waschmaschine füllt.

Anschließend geht Hertha wieder ins Schlafzimmer und wischt den Kleiderschrank aus (Wäsche aus dem Schrank räumen, Schrankboden wischen und Wäsche wieder einräumen).

Nachdem diese Arbeit erledigt ist, überzieht Hertha die Betten mit frischer Bettwäsche, schüttelt die Kissen kräftig auf (Kissen aufschütteln) und streicht die Bettdecke glatt (mit den Händen über den Tisch streichen). Zum Abschluss wischt sie noch den Boden (Putzlappen auswringen und Bodenwischen nachahmen).

In der Zwischenzeit ist auch die Wäsche in der Waschmaschine fertig, sodass Hertha sie in der Waschküche aufhängen kann (Wäsche an einer Leine aufhängen).

Immer noch voller Elan und gut gelaunt, läuft Hertha ins Wohnzimmer (auf der Stelle gehen). Dort steigt sie auf ihre Haushaltsleiter (mit den Füßen und Armen eine imaginäre Leiter hochklettern), um die Gardinen abzuhängen (Gardinen von der Stange schieben).

Puh, endlich hat sie es geschafft! Hertha steigt die Leiter wieder herunter (mit den Füßen und Armen eine imaginäre Leiter runterklettern) und steckt die schmutzigen Gardinen in die Waschmaschine.

Bewegungsgeschichte: Der Weihnachtsputz

Dann füllt sie einen kleinen, blauen Eimer mit frischem Wasser auf und putzt ihr Wohnzimmerfenster (Putzlappen auswringen und Fensterputzen nachahmen). Schon nach kurzer Zeit kann sich Hertha am blitzeblank geputzten Fenster erfreuen. Danach fährt sie mit einem Staubwedel über die Decke, um die Spinnweben zu entfernen (die Arme nach oben strecken und die Spinnweben entfernen). Erstaunlich, wie viele Spinnweben sich dort seit ihrem letzten Frühjahrsputz angesammelt haben. Die kleine Brücke, die Hertha neben einem großen Wohnzimmerteppich liegen hat, rollt sie kurzerhand auf (mit den Armen die Brücke aufrollen), hängt sie im Garten über die Teppichstange (Brücke mit den Händen an einer Teppichstange aufhängen) und klopft sie mit dem Teppichklopfer kräftig aus (Brücke ausklopfen). Zum Glück spielen das Wetter und die Temperaturen mit, denn heute ist es draußen gar nicht winterlich kalt. Damit sich Hertha keine Erkältung zuzieht, hat sie ihre dicke, rote Wolljacke übergezogen. Beim Ausklopfen der Brücke kommt sie sogar ein wenig ins Schwitzen (abwechselnd mit den Handrücken über die Stirn streichen). Anschließend geht Hertha zufrieden ins Haus zurück (auf der Stelle gehen) und macht den großen Wohnzimmerteppich mit dem Staubsauger sauber (Staubsaugen nachahmen).

Danach poliert sie mit der Möbelpolitur ihren Wohnzimmerschrank auf (einen imaginären Wohnzimmerschrank polieren) und hängt die frisch gewaschenen Gardinen wieder auf (auf eine imaginäre Leiter steigen, Gardinen aufhängen und die Leiter wieder hinabsteigen).

Vor lauter Putzeifer hat Hertha gar nicht gemerkt, wie schnell die Zeit vorübergegangen ist. Erst als ihr Magen laut knurrt, merkt sie, dass es für heute Zeit ist, den Weihnachtsputz zu beenden. „Morgen mache ich weiter", denkt Hertha, während sie zufrieden ihr sauberes Wohnzimmer betrachtet.

Variante

Der GL liest die Geschichte erneut langsam vor und stellt den TN vorab – je nach Leistungsfähigkeit – eine oder mehrere der nachfolgenden Aufgaben. Dies trainiert zusätzlich die Konzentration und Merkfähigkeit.

- Merken Sie sich, wann Hertha mit dem Weihnachtsputz beginnt. **(nach einem ausgiebigen Frühstück)**
- Merken Sie sich, welches Zimmer Hertha zuerst sauber macht. **(Schlafzimmer)**
- Merken Sie sich, welche Farbe Herthas Putzeimer hat. **(blau)**
- Merken Sie sich, mit welchem Gegenstand Hertha die Spinnweben an der Decke entfernt. **(Staubwedel)**
- Merken Sie sich, welche Farbe Herthas Wolljacke hat. **(rot)**
- Merken Sie sich, aus welchem Grund Hertha ihren Weihnachtsputz beendet. **(aufgrund ihres laut knurrenden Magens)**

Übung: Würfelspiel

trainiert besonders

- Wortfindung
- flexibles Denken
- Urteilsfähigkeit
- Langzeitgedächtnis

Vorbereitung

Zur besseren Lesbarkeit empfiehlt es sich, den **Spielplan** → Kopiervorlage auf DIN A3 zu vergrößern. Pro Gruppe werden ein Spielplan, das dazugehörige Lösungsblatt sowie zwei Würfel benötigt.

Durchführung

Die TN werden in Kleingruppen aufgeteilt. Reihum wird mit zwei Würfeln gewürfelt. Die zu lösenden Fragen bzw. Aufgaben werden anhand von Koordinaten ermittelt. Erfahrungsgemäß wird hierzu am Anfang die Hilfe des GL benötigt. Es antwortet zunächst der Spieler, der gewürfelt hat. Die Gruppe kann ggf. ergänzen.

Das Lösungsblatt liegt verdeckt auf dem Tisch oder ist auf der Rückseite des Spielplans aufgeklebt. Die TN können ihre Antworten somit eigenständig kontrollieren.

Würfelbeispiel

Es werden die Zahlen 3 und 5 gewürfelt. Nun besteht die Möglichkeit, senkrecht Spalte 3 zu wählen und von dort aus waagerecht die Frage in Spalte 5 zu beantworten, z. B.: „Wo befinden sich die Reliquien der heiligen drei Könige?“ Oder der TN wählt waagerecht Spalte 3 und geht von dort senkrecht zur Frage in Spalte 5, z. B.: „Hier fehlen die Selbstlaute. Wie heißt das Weihnachtslied?“

Zum **Abschluss der Stunde** wird gemeinsam das Lied „Süßer die Glocken nie klingen“ → Kopiervorlage GL gesungen.

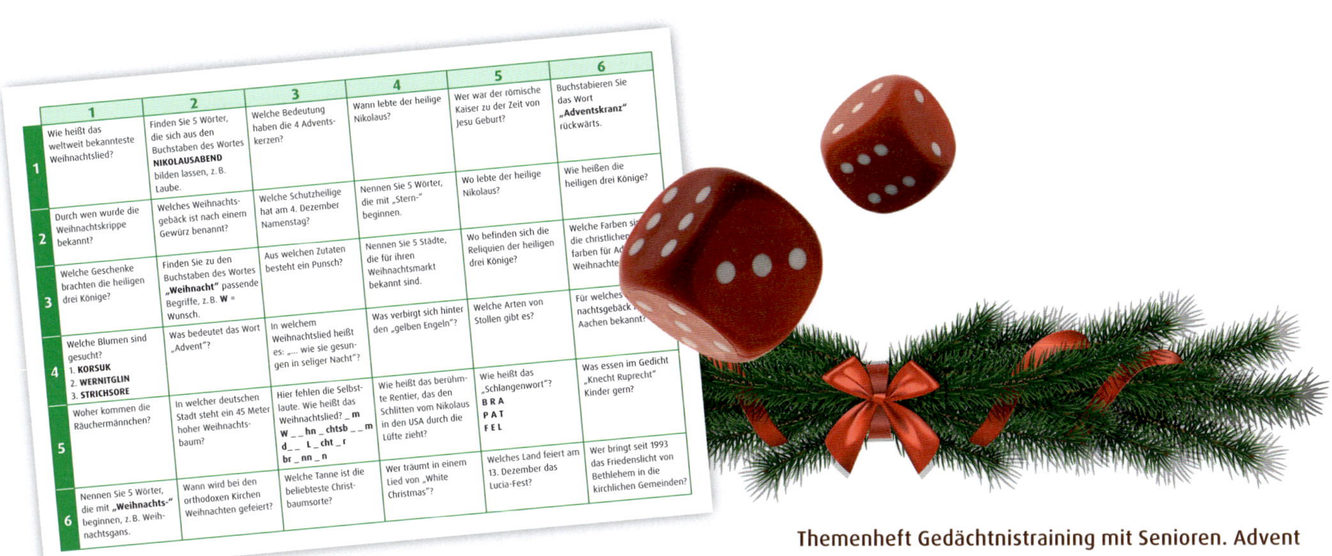

	1	2	3	4	5	6
1	Wie heißt das weltweit bekannteste Weihnachtslied?	Finden Sie 5 Wörter, die sich aus den Buchstaben des Wortes **NIKOLAUSABEND** bilden lassen, z. B. Laube.	Welche Bedeutung haben die 4 Adventskerzen?	Wann lebte der heilige Nikolaus?	Wer war der römische Kaiser zu der Zeit von Jesu Geburt?	Buchstabieren Sie das Wort **„Adventskranz“** rückwärts.
2	Durch wen wurde die Weihnachtskrippe bekannt?	Welches Weihnachtsgebäck ist nach einem Gewürz benannt?	Welche Schutzheilige hat am 4. Dezember Namenstag?	Nennen Sie 5 Wörter, die mit „Stern-“ beginnen.	Wo lebte der heilige Nikolaus?	Wie heißen die heiligen drei Könige?
3	Welche Geschenke brachten die heiligen drei Könige?	Finden Sie zu den Buchstaben des Wortes **„Weihnacht“** passende Begriffe, z. B. **W** = Wunsch.	Aus welchen Zutaten besteht ein Punsch?	Nennen Sie 5 Städte, die für ihren Weihnachtsmarkt bekannt sind.	Wo befinden sich die Reliquien der heiligen drei Könige?	Welche Farben si[illegible] die christlichen[illegible] farben für Ad[illegible] Weihnachte[illegible]
4	Welche Blumen sind gesucht? 1. **KORSUK** 2. **WERNITGLIN** 3. **STRICHSORE**	Was bedeutet das Wort „Advent“?	In welchem Weihnachtslied heißt es: „... wie sie gesungen in seliger Nacht“?	Was verbirgt sich hinter den „gelben Engeln“?	Welche Arten von Stollen gibt es?	Für welches [illegible] nachtsgebäck [illegible] Aachen bekannt?
5	Woher kommen die Räuchermännchen?	In welcher deutschen Stadt steht ein 45 Meter hoher Weihnachtsbaum?	Hier fehlen die Selbstlaute. Wie heißt das Weihnachtslied? **_ m W _ _ hn _ chtsb _ _ m d_ _ L _ cht _ r br _ nn _ n**	Wie heißt das berühmte Rentier, das den Schlitten vom Nikolaus in den USA durch die Lüfte zieht?	Wie heißt das „Schlangenwort“? **BRA PAT FEL**	Was essen im Gedicht „Knecht Ruprecht“ Kinder gern?
6	Nennen Sie 5 Wörter, die mit **„Weihnachts-“** beginnen, z. B. Weihnachtsgans.	Wann wird bei den orthodoxen Kirchen Weihnachten gefeiert?	Welche Tanne ist die beliebteste Christbaumsorte?	Wer träumt in einem Lied von „White Christmas“?	Welches Land feiert am 13. Dezember das Lucia-Fest?	Wer bringt seit 1993 das Friedenslicht von Bethlehem in die kirchlichen Gemeinden?

Würfelspiel: Spielplan

	1	2	3	4	5	6
1	Wie heißt das weltweit bekannteste Weihnachtslied?	Finden Sie 5 Wörter, die sich aus den Buchstaben des Wortes **NIKOLAUSABEND** bilden lassen, z. B. Laube.	Welche Bedeutung haben die 4 Adventskerzen?	Wann lebte der heilige Nikolaus?	Wer war der römische Kaiser zu der Zeit von Jesu Geburt?	Buchstabieren Sie das Wort **„Adventskranz“** rückwärts.
2	Durch wen wurde die Weihnachtskrippe bekannt?	Welches Weihnachtsgebäck ist nach einem Gewürz benannt?	Welche Schutzheilige hat am 4. Dezember Namenstag?	Nennen Sie 5 Wörter, die mit „Stern-“ beginnen.	Wo lebte der heilige Nikolaus?	Wie heißen die heiligen drei Könige?
3	Welche Geschenke brachten die heiligen drei Könige?	Finden Sie zu den Buchstaben des Wortes **„Weihnacht“** passende Begriffe, z. B. **W** = Wunsch.	Aus welchen Zutaten besteht ein Punsch?	Nennen Sie 5 Städte, die für ihren Weihnachtsmarkt bekannt sind.	Wo befinden sich die Reliquien der heiligen drei Könige?	Welche Farben sind die christlichen Symbolfarben für Advent und Weihnachten?
4	Welche Blumen sind gesucht? 1. **KORSUK** 2. **WERNITGLIN** 3. **STRICHSORE**	Was bedeutet das Wort „Advent“?	In welchem Weihnachtslied heißt es: „… wie sie gesungen in seliger Nacht“?	Was verbirgt sich hinter den „gelben Engeln“?	Welche Arten von Stollen gibt es?	Für welches Weihnachtsgebäck ist Aachen bekannt?
5	Woher kommen die Räuchermännchen?	In welcher deutschen Stadt steht ein 45 Meter hoher Weihnachtsbaum?	Hier fehlen die Selbstlaute. Wie heißt das Weihnachtslied? **_ m** **W _ _ hn _ chtsb _ _ m** **d_ _ L _ cht _ r** **br _ nn _ n**	Wie heißt das berühmte Rentier, das den Schlitten vom Nikolaus in den USA durch die Lüfte zieht?	Wie heißt das „Schlangenwort“? **B R A** **P A T** **F E L**	Was essen im Gedicht „Knecht Ruprecht“ Kinder gern?
6	Nennen Sie 5 Wörter, die mit **„Weihnachts-“** beginnen, z. B. Weihnachtsgans.	Wann wird bei den orthodoxen Kirchen Weihnachten gefeiert?	Welche Tanne ist die beliebteste Christbaumsorte?	Wer träumt in einem Lied von „White Christmas“?	Welches Land feiert am 13. Dezember das Lucia-Fest?	Wer bringt seit 1993 das Friedenslicht von Bethlehem in die kirchlichen Gemeinden?

Würfelspiel: Spielplan

	1	2	3	4	5	6
1	„Stille Nacht“	Laus, Kino, Sau, Bein, Dinkel …	Sie symbolisieren die vier Adventsonntage.	im 4. Jahrhundert nach Christi Geburt	Kaiser Augustus	Z-N-A-R-K-S-T-N-E-V-D-A
2	Franz von Assisi	Zimtsterne, Vanillekipferl, Anisplätzchen, Pfeffernüsse, Ingwerplätzchen …	Heilige Barbara	Sternsinger, Sterndeuter, Sternschnuppe, Sternwarte, Sternzeichen …	Myra/Kleinasien	Caspar, Melchior und Balthasar
3	Gold, Weihrauch und Myrrhe	Wunsch, Elisenlebkuchen, Ingwertee, Heiland, Nussknacker, Advent, Christrose, Hirten, Tanne	z. B. Arrak oder Rum, Wasser, Tee, Zucker, Zitrone	Dresden, Nürnberg, Stuttgart, Dortmund, Köln	Kölner Dom	Grün und Rot
4	1. KROKUS 2. WINTERLING 3. CHRISTROSE	Ankunft	„Süßer die Glocken nie klingen“	ADAC	Dresdner Stollen, Quark-, Mohn- und Mandelstollen	Printen
5	aus dem Erzgebirge	Dortmund	„Am Weihnachtsbaum die Lichter brennen“	Rudolph	Bratapfel	Äpfel, Nuss und Mandelkern
6	Weihnachtsstern, Weihnachtsbaum, Weihnachtslied, Weihnachtsgeschenk, Weihnachtsgedicht	6. und 7. Januar	Nordmanntanne	Bing Crosby	Schweden	Pfadfinder

Lied: „Süßer die Glocken nie klingen“

1. Süßer die Glocken nie klingen
als zu der Weihnachtszeit;
’s ist, als ob Engelein singen
wieder von Frieden und Freud,
wie sie gesungen in seliger Nacht,
Glocken mit heiligem Klang,
klingt doch die Erde entlang!

2. O, wenn die Glocken erklingen,
schnell sie das Christkindlein hört,
tut sich vom Himmel dann schwingen
eilet hernieder zur Erd,
segnet den Vater, die Mutter, das Kind.
Glocken mit heiligem Klang,
klingt doch die Erde entlang!

3. Klinget mit lieblichem Schalle
über die Meere noch weit,
dass sich erfreuen doch alle
seliger Weihnachtszeit.
Alle aufjauchzen mit einem Gesang.
Glocken mit heiligem Klang,
klingt doch die Erde entlang!

Friedrich Wilhelm Kritzinger

 © Verlag an der Ruhr | Autorin: Sabine Kelkel | ISBN 978-3-8346-4130-4 | www.verlagruhr.de

4. Adventswoche

trainiert besonders

- Wortfindung/Wortschatz • flexibles Denken • Formulieren
- Wahrnehmung • Konzentration • Urteilsfähigkeit
- assoziatives Denken • Langzeitgedächtnis

Übungstyp trainiert besonders	**Übungen**	**Medien**	**Zielgruppen**
Einstieg in die Stunde WF, LZG	**Wortkette**	**Flipchart oder Tafel**	
Wortfindung/Wortschatz WF, FD, Wahrnehmung, Konzentration, LZG	**Wortbruchstücke „Engel"**	**AB**	
Nachdenken/Überlegen UF, Formulieren, Assoziieren, LZG	**Richtig oder falsch?**	**KV**	
Bewegung Wahrnehmung, Konzentration	**Bewegungsgeschichte: Die Wichtelmänner**	**keine**	
Wortfindung/Wortschatz Konzentration WF, Konzentration	**Geheimnisvolle Geschenke**	**AB**	
Abschluss der Stunde Konzentration	**Vorlesetext: Weihnachtslied**	**keine**	

Übung: Wortkette

trainiert besonders

- Wortfindung
- Langzeitgedächtnis

Durchführung

Das Wort „Advent" wird an ein **Flipchart** oder eine **Tafel** geschrieben. Die TN sollen nun mit dem letzten Buchstaben des vorgegebenen Wortes ein neues Wort bilden. Dabei dürfen auch Wörter genannt werden, die nichts mit dem Thema „Advent" oder „Weihnachten" zu tun haben.

Beispiel

Adven**t** → **T**anne**n** → **N**ikolau**s** → **S**chne**e** → **E**iszapfe**n** → **N**üss**e** → **E**nge**l** → **L**ichterkett**e** → **E**ichhörnche**n** → **N**atu**r** → **R**egenwur**m** → **M**arzipan ...

Varianten

1. Die TN suchen Wörter, die mit „Advent" beginnen, wie z. B. Adventskranz ★ Adventszeit ★ Adventsstimmung ★ Adventslieder ★ Adventsmarkt ★ Adventssonntag ★ Adventsschmuck ...

2. Der GL gibt das Wort „Advent" vor. Die TN bilden reihum eine Wortkette mit Begriffen zum Thema „Advent" und „Weihnachten". Dabei wird immer der letzte Buchstabe des vorgegebenen Wortes als Anfangsbuchstabe für das nächste, neu gebildete Wort aufgegriffen.

   Beispiel

   Adven**t** → **T**annenbau**m** → **M**arzipa**n** → **N**ussknacke**r** → **R**uprech**t** → **T**ürkran**z** → **Z**imtstern**e** → **E**nge**l** → **L**amett**a** → **A**nisplätzche**n** → **N**ikolau**s** → **S**pekulatius ...

3. Die TN bilden reihum eine Assoziationskette, bei der alle Wörter einen Bezug zueinander haben.

   Beispiel

   Der GL gibt das Wort „Advent" vor. Der erste TN sagt: „Bei Advent denke ich an Vorweihnachtszeit". Der zweite TN sagt: „Bei Vorweihnachtszeit denke ich an Weihnachtsmarkt". Der dritte TN sagt: „Bei Weihnachtsmarkt denke ich an Glühwein" usw.

Übung: Wortbruchstücke „Engel"

trainiert besonders

- Wortfindung
- flexibles Denken
- Wahrnehmung
- Konzentration
- Langzeitgedächtnis

Durchführung

Jeder TN erhält ein **Arbeitsblatt** → Kopiervorlage, das nach vorgegebener Anleitung zu bearbeiten ist. Die TN fügen Wortbruchstücke zusammen, sodass 14 Begriffe zum Thema „Engel" entstehen. Die Übung kann als Einzel- oder Partnerarbeit durchgeführt werden.

Jeder TN erhält ein **Arbeitsblatt** → Kopiervorlage, das nach vorgegebener Anleitung zu bearbeiten ist.

Hinweis
Da für beide Arbeitsblätter die gleichen Wörter verwendet wurden, gibt es nur eine Lösung → Lösung.

Anschluss: Gesprächsrunde

Der GL schließt die Übung mit einer kleinen Erzählrunde ab. Er regt mit Fragen zum Gespräch an, wie z. B.:

- Wie bezeichnet man die Lehre von den Engeln? **(Angelologie)**
- Glauben Sie, dass jeder Mensch einen Schutzengel hat?
- Waren Sie schon einmal in einer Situation, in der Sie genau wussten, dass Ihnen Ihr ganz persönlicher Schutzengel zur Seite gestanden hat?
- Wofür stehen die „blauen Engel" und die „gelben Engel"? **(Umweltzeichen und ADAC)**
- Wussten Sie, dass 2015 das erste deutsche Engelmuseum in Engelskirchen eröffnet wurde? Seit 1985 sammelte Johann Fischer Engel auf der ganzen Welt. Im Jahr 2002 umfasste seine Sammlung genau 12.642 Engel. Mit dieser Sammlung erhielt er einen Eintrag ins Guinness-Buch der Rekorde, weil er die größte Engelssammlung auf der ganzen Welt besitzt. Nachdem sein Bestand im Jahr 2010 auf rund 15.000 Engel gewachsen war, gründete Herr Fischer den Engelverein e. V. und eröffnete das Engel-Museum. Dort kann man seit 2015 einen Teil seiner Sammlung bewundern.

Wortbruchstücke „Engel“

Fügen Sie die Wortbruchstücke zusammen, sodass 14 Begriffe zum Thema „Engel“ entstehen, wie z. B. „Engelszunge“. Wenn es sprachlich erforderlich ist, darf ein „s“ hinzugefügt werden.

TIPP: Achten Sie auf die Schriftarten sowie Farben!

gü flü mie scha
kin
zun pa ~~ge~~ schei
~~wand~~ er stel
ge ra ge
gur

Engel-

gel
lung ren nung te
gen der
ne sang sicht
duld ge dar fi dies

1. Engelsgewand ______
2. ______
3. ______
4. ______
5. ______
6. ______
7. ______
8. ______
9. ______
10. ______
11. ______
12. ______
13. ______
14. ______

 © Verlag an der Ruhr | Autorin: Sabine Kelkel | ISBN 978-3-8346-4130-4 | www.verlagruhr.de

Wortbruchstücke „Engel“

Fügen Sie die Wortbruchstücke zusammen, sodass 14 Begriffe zum Thema „Engel“ entstehen, wie z. B. „Engelszunge“. Wenn es sprachlich erforderlich ist, darf ein „s“ hinzugefügt werden.

TIPP: Achten Sie auf die Schriftarten!

1. Engelsgewand
2. __________
3. __________
4. __________
5. __________
6. __________
7. __________
8. __________
9. __________
10. __________
11. __________
12. __________
13. __________
14. __________

Wortbruchstücke „Engel"

Fügen Sie die Wortbruchstücke zusammen, sodass 14 Begriffe zum Thema „Engel" entstehen, wie z. B. „Engelszunge". Wenn es sprachlich erforderlich ist, darf ein „s" hinzugefügt werden.

<u>TIPP:</u> Achten Sie auf die Schriftarten!

1. Engelsgewand	6. **Engelsgüte**	11. **Engelsmiene**
2. **Engelsflügel**	7. **Engelszungen**	12. **Engelsgesang**
3. **Engelserscheinung**	8. **Engelsparadies**	13. **Engeldarstellung**
4. **Engelskinder**	9. **Engelsfigur**	14. **Engelsgeduld**
5. **Engelsscharen**	10. **Engelsgesicht**	

 © Verlag an der Ruhr | Autorin: Sabine Kelkel | ISBN 978-3-8346-4130-4 | www.verlagruhr.de

Übung: Richtig oder falsch?

trainiert besonders

- Urteilsfähigkeit
- Formulieren
- assoziatives Denken
- Langzeitgedächtnis

Durchführung

Bei dieser mündlichen Übung sollen die TN überlegen, ob die folgenden **Behauptungen** → Kopiervorlage GL richtig oder falsch sind. Der GL liest die Aussagen vor, die TN antworten.

Beispiel

Am Barbaratag werden Kirsch- oder Forsythienzweige ins Haus geholt. Sie blühen zu Weihnachten, wenn man sie in einer Vase in lauwarmes Wasser stellt.

Richtig

Variante

Am 24. Dezember wird in vielen Ländern „Frohe Weihnachten" gewünscht.

Der GL schreibt nachfolgende Weihnachtswünsche an ein **Flipchart** oder eine **Tafel.** Die TN überlegen, zu welchem Land sie gehören. Als Hilfestellung können die Länder ebenfalls angeschrieben werden.

Beispiele

1. God Jul → **Schweden/Norwegen**
2. Merry Christmas → **England/Amerika**
3. Feliz Natal → **Portugal**
4. Glædelig jul → **Dänemark**
5. Feliz Navidad → **Spanien**
6. Prettig kerstfeest → **Niederlande**
7. Kalá Christoúgenna → **Griechenland**
8. Wesolych świąt Bożego Narodzenia → **Polen**
9. Joyeux Noël → **Frankreich**
10. Buon Natale → **Italien**
11. Crăciun Fericit → **Rumänien**
12. Noeliniz kutlu olsun → **Türkei**

Richtig oder falsch?

1. In Spanien findet die Bescherung der Kinder erst am Dreikönigstag am 6. Januar statt.

Richtig: Gabenüberbringer sind in Spanien die heiligen drei Könige. Daher wird die Ankunft der heiligen drei Könige vielerorts am 5. Januar mit einem feierlichen Umzug und besonderen Aufführungen begangen. Die Kinder müssen am Vorabend des Dreikönigstags Wasser und Brot für die Kamele vor die Tür stellen. Dafür finden sie am nächsten Morgen Geschenke vor.

2. Franz von Assisi hat die Weihnachtskrippe eingeführt und somit bekannt gemacht.

Richtig: Franz von Assisi stellte 1223 in Greccio das Weihnachtsgeschehen mit Menschen und lebenden Tieren nach.

3. Die heilige Barbara gehört zu den 14 Nothelfern.

Richtig: Sie ist u. a. Schutzpatronin der Geologen, Glöckner, Dachdecker und der Bergleute.

4. Das Weihnachtslied „Vom Himmel hoch, da komm ich her" wurde von Martin Luther erschaffen.

Richtig: Es ist eine seiner bekanntesten Liedschöpfungen.

5. Einen beleuchteten Advents- oder Weihnachtsstern, der nach einer bestimmten geometrischen Bauart hergestellt wird, bezeichnet man als „Braunhuter Stern".

Falsch: Man bezeichnet ihn als „Herrnhuter Stern" und dieser symbolisiert den Stern von Bethlehem.

6. Die Adventszeit war ursprünglich eine Fastenzeit.

Richtig: Diese Fastenzeit bereitete die Menschen auf Weihnachten vor und endete Heiligabend mit einem herzhaften Abendessen.

7. Die Christbaumkugeln erinnern an die Früchte am Baum der Erkenntnis.

Richtig: Christbaumkugeln sind eng mit der Apfelsymbolik verbunden. Eva pflückte verbotenerweise einen Apfel vom Baum der Erkenntnis und aß ihn.

8. Die Buchstaben C + M + B, die die Sternsinger samt Jahreszahl an die Türen schreiben, bedeuten: Caspar, Melchior und Balthasar.

Falsch: Sie stehen für „Christus mansionem benedicat", auf Deutsch: „Christus segne dieses Haus".

 © Verlag an der Ruhr | Autorin: Sabine Kelkel | ISBN 978-3-8346-4130-4 | www.verlagruhr.de

Bewegungsgeschichte: Die Wichtelmänner

trainiert besonders

- Wahrnehmung
- Konzentration

Vorbereitung

Für jeden TN werden zwei Gegenstände benötigt. Ein Gegenstand (z. B. eine Walnuss) symbolisiert **Personen,** der andere steht für das Wort **„Schuhe"** (z. B. ein Stück brauner Tonkarton).
Die TN sollten für diese Übung im Kreis an einem Tisch sitzen.

Durchführung

Der GL liest die Geschichte „Die Wichtelmänner" von Jacob und Wilhelm Grimm langsam vor, damit jeder TN seine Gegenstände weitergeben kann. Wenn in der Geschichte **Personen** genannt werden, reichen die TN die Walnuss mit der linken Hand nach links weiter. Wird das Wort **„Schuhe"** bzw. **„Schühlein"** genannt, reichen sie den braunen Tonkarton mit ihrer rechten Hand nach rechts weiter.
Damit Sie die Bewegungsübungen schnell erkennen, sind diese im Text farbig hervorgehoben. Je nach Zielgruppe können Sie die Bewegungsübungen auch vor dem Lesen einmal ausführen lassen.

Hinweis
Berücksichtigen Sie die Bewegungsfähigkeit Ihrer TN. Bei Bewegungseinschränkungen machen die TN nur so weit mit, wie es ihre Beweglichkeit erlaubt.

Die Wichtelmänner

Es war ein **Schuster** ohne seine Schuld so arm geworden, dass ihm endlich nichts mehr übrig blieb als Leder zu einem einzigen Paar **Schuhe.** Nun schnitt er am Abend die **Schuhe** zu, die wollte er am nächsten Morgen in Arbeit nehmen. Und weil er ein gutes Gewissen hatte, so legte er sich ruhig zu Bett, befahl sich dem lieben Gott und schlief ein.

Morgens, nachdem er sein Gebet verrichtet hatte und sich zur Arbeit niedersetzen wollte, so standen die beiden **Schuhe** ganz fertig auf seinem Tisch. Er wunderte sich und wusste nicht, was er dazu sagen sollte. Er nahm die **Schuhe** in die Hand, um sie näher zu betrachten: Sie waren so sauber gearbeitet, dass kein Stich daran falsch war, gerade als wenn es ein Meisterstück sein sollte. Bald darauf trat auch schon ein **Käufer** ein und weil ihm die **Schuhe** so gut gefielen, so bezahlte er mehr als gewöhnlich dafür und der **Schuster** konnte von dem Geld Leder zu zwei Paar **Schuhen** erhandeln. Er schnitt sie abends zu und wollte am nächsten Morgen mit frischem Mut an die Arbeit gehen. Aber er brauchte

Bewegungsgeschichte: Die Wichtelmänner

es nicht, denn als er aufstand, waren sie schon fertig und es blieben auch nicht die **Käufer** aus, die ihm so viel Geld gaben, dass er Leder zu vier Paar **Schuhen** einkaufen konnte. Er fand früh morgens auch die vier Paar fertig und so ging's immer fort: Was er abends zuschnitt, das war am Morgen verarbeitet, sodass er bald wieder sein ehrliches Auskommen hatte und endlich ein wohlhabender **Mann** war.

Nun geschah es eines Abends nicht lange vor Weihnachten, als der **Mann** wieder zugeschnitten hatte, dass er vorm Schlafengehen zu seiner **Frau** sprach: „Wie wär's, wenn wir diese Nacht aufblieben, um zu sehen, wer uns solche hilfreiche Hand leistet?" Die **Frau** war zufrieden und steckte ein Licht an. Daraufhin verbargen sie sich in den Stubenecken, hinter den Kleidern, die dort aufgehängt waren, und gaben acht. Als es Mitternacht war, da kamen zwei kleine, niedliche, nackte **Männlein,** setzten sich vor des **Schusters** Tisch, nahmen alle zugeschnittene Arbeit zu sich und fingen an, mit ihren Fingerlein so fleißig und schnell zu stechen, zu nähen, zu klopfen, dass der **Schuster** vor Verwunderung die Augen nicht abwenden konnte. Sie ließen nicht nach, bis alles zu Ende gebracht war und fertig auf dem Tisch stand, dann sprangen sie schnell fort.

Am andern Morgen sprach die **Frau:** „Die kleinen **Männer** haben uns reich gemacht, wir müssten uns doch dankbar dafür zeigen. Sie laufen so herum, haben nichts am Leib und müssen frieren. Weißt du was? Ich will Hemdlein, Rock, Wams und Höslein für sie nähen, auch jedem ein Paar Strümpfe stricken – mach du jedem ein Paar **Schühlein** dazu." Der **Mann** sprach: „Da bin ich wohl zufrieden", und abends, als sie alles fertig hatten, legten sie die Geschenke statt der zugeschnittenen Arbeit zusammen auf den Tisch und versteckten sich dann, um mit anzusehen, wie sich die **Männlein** dazu anstellen würden.

Um Mitternacht kamen sie herangesprungen und wollten sich gleich an die Arbeit machen. Als sie aber kein zugeschnittenes Leder, sondern die niedlichen Kleidungsstücke fanden, wunderten sie sich erst, dann aber zeigten sie eine gewaltige Freude. Mit der größten Geschwindigkeit zogen sie sich an, strichen die schönen Kleider am Leib und sangen:
„Sind wir nicht **Knaben** glatt und fein?
Was sollen wir länger **Schuster** sein!"
Dann hüpften und tanzten sie und sprangen über Stühle und Bänke. Endlich tanzten sie zur Tür hinaus. Von nun an kamen sie nicht wieder, dem **Schuster** aber ging es gut, solange er lebte, und es glückte ihm alles, was er unternahm.

Jacob und Wilhelm Grimm

Variante

Anstelle der Gegenstände, die weitergereicht werden, führen die TN vorher festgelegte Bewegungen aus.

Beispiel

- Bei **Personen** klatschen sie in die Hände.
- Bei dem Wort **„Schuhe"** stampfen sie mit den Füßen auf dem Boden auf.

Übung: Geheimnisvolle Geschenke

trainiert besonders

- Wortfindung
- Konzentration

Durchführung

Jeder TN erhält ein **Arbeitsblatt** → Kopiervorlage, das nach vorgegebener Anleitung zu bearbeiten ist. Aufgabe der TN ist es, die vorgegebenen Zahlen durch die entsprechenden Buchstaben des Alphabets zu ersetzen und in die richtige Reihenfolge zu bringen, damit sie ein sinnvolles Wort ergeben.

Hinweis
Für demenziell veränderte TN kann das Alphabet mit den dazugehörigen Zahlen an ein **Flipchart** oder eine **Tafel** geschrieben werden. Evtl. müssen auch beim Zusammenfügen der Buchstaben kleine Hilfestellungen gegeben werden.

Variante

Alternativ kann die Übung für TN mit Demenz auch als Vokalergänzung an einem Flipchart oder einer Tafel durchgeführt werden.

Beispiel

1. K ___ T T ___
2. P ___ R F ___ ___ M
3. S ___ C K ___ N
4. W ___ S T ___
5. S P ___ ___ L
6. B ___ CH
7. P ___ L L ___ V ___ R
8. ___ R M B ___ N D
9. T ___ S C H ___

Anschluss: Gesprächsrunde

Der GL schließt die Übung mit einer kleinen Erzählrunde ab. Er regt mit Fragen zum Gespräch an, wie z. B.:

- Macht es Ihnen Freude, wenn Sie andere mit einem Geschenk überraschen können?
- Haben Sie schon einmal ein Geschenk erhalten, das Ihnen überhaupt nicht gefallen hat? Um welches Geschenk handelte es sich dabei?
- Haben Sie als Kind heimlich nach versteckten Weihnachtsgeschenken gesucht?

Zum Abschluss der Stunde wird das **Gedicht „Weihnachtslied“** → Kopiervorlage GL von Theodor Storm vorgelesen.

Geheimnisvolle Geschenke

Ersetzen Sie die Zahlen durch die entsprechenden Buchstaben des Alphabets und Sie erfahren, welche Weihnachtsgeschenke gesucht sind.

1. ______________________

2. ______________________

3. ______________________

4. ______________________

5. ______________________

6. ______________________

7. ______________________

8. ______________________

9. ______________________

 © Verlag an der Ruhr | Autorin: Sabine Kelkel | ISBN 978-3-8346-4130-4 | www.verlagruhr.de

Geheimnisvolle Geschenke

Ersetzen Sie die Zahlen durch die entsprechenden Buchstaben des Alphabets und Sie erfahren, welche Weihnachtsgeschenke gesucht sind.

1. **Kette**

2. **Parfuem**

3. **Socken**

4. **Weste**

5. **Spiel**

6. **Buch**

7. **Pullover**

8. **Armband**

9. **Tasche**

Vorlesetext: Weihnachtslied

Weihnachtslied

Vom Himmel in die tiefsten Klüfte
ein milder Stern hernieder lacht;
ein weihrauchsüßes Harzgedüfte
durchschwimmet träumerisch die Lüfte,
und kerzenhelle wird die Nacht.

Mir ist das Herz so froh erschrocken,
das ist die liebe Weihnachtszeit!
Ich höre fernher Kirchenglocken
mich lieblich heimatlich verlocken
in märchenstiller Herrlichkeit.

Ein frommer Zauber hält mich wieder
anbetend, staunend muss ich stehn;
es sinkt auf meine Augenlider
ein goldner Kindertraum hernieder,
ich fühl's, ein Wunder ist geschehn.

Theodor Storm